财经
法治

投服中心系列丛书

China Securities Investor Services Center

持股行权案例评析

2021年

郭文英◎主编

Cases Review of Shareholding for Voting Program

法律出版社
LAW PRESS·CHINA
北京

图书在版编目(CIP)数据

持股行权案例评析. 2021年 / 郭文英主编. -- 北京:
法律出版社, 2021
ISBN 978-7-5197-6028-1

Ⅰ. ①持… Ⅱ. ①郭… Ⅲ. ①投资者-权益保护-案例-中国 Ⅳ. ①F832.48

中国版本图书馆CIP数据核字(2021)第205171号

持股行权案例评析(2021年)
CHIGU XINGQUAN ANLI PINGXI (2021 NIAN)

郭文英 主编

策划编辑 陈 妮
责任编辑 陈 妮 黄 筝
装帧设计 李 瞻

出版发行 法律出版社
编辑统筹 法治与经济出版分社
责任校对 杨锦华
责任印制 吕亚莉
经　　销 新华书店

开本 787毫米×1092毫米 1/16
印张 8 **字数** 116千
版本 2021年12月第1版
印次 2021年12月第1次印刷
印刷 固安华明印业有限公司

地址:北京市丰台区莲花池西里7号(100073)
网址:www.lawpress.com.cn
投稿邮箱:info@lawpress.com.cn
举报盗版邮箱:jbwq@lawpress.com.cn
销售电话:010-83938349
客服电话:010-83938350
咨询电话:010-63939796

书号:ISBN 978-7-5197-6028-1
定价:68.00元
凡购买本社图书,如有印装错误,我社负责退换。电话:010-83938349

持股行权案例评析

Cases Review of Shareholding for Voting Program

总 序

2018年金秋，中证中小投资者服务中心（以下简称投服中心）主编的“投服中心系列丛书”终于与大家见面了。投服中心是中国证监会直属的证券金融类公益机构，成立3年来，不忘初心，始终坚守保护中小投资者合法权益的使命，积极探索投资者保护新路径，努力引导投资者理性投资、全面知权、积极行权、依法维权。“投服中心系列丛书”的出版是对“知权、行权、维权”工作的一个总结，希望借此契机能凝聚一批法学学者、市场实务人士等专家对资本市场的热点难点问题进行长期的探讨研究。

自2014年成立以来，投服中心在中国证监会党委的领导和部署下，在证监会投资者保护局的指导和相关部门、各派出机构的支持下，在证监会系统兄弟单位和社会各界的大力支持下，从中小投资者权益保护和救济诉讼的实际需求出发，创新了一套适合我国资本市场中小投资者保护的机制和实现路径——以投资者教育工作为基础，通过事前持股行权、事中纠纷调解、事后支持诉讼来切实维护广大中小投资者的合法权益。投资者是资本市场发展的重要基石，培育良好的投资者群体，保护好广大中小投资者合法权益，是促进资本市场健康发展的重要一环，直接关系维护社会的公平正义，直接关乎亿万人民群众的切身利益。但中国资本市场的中小投资者既是数量上的多数，又是专业知识、投资理念、维权能力等方面的“弱势少数”,因此,中小投资者合法权益时常受到漠视甚至侵害。长期以来,中小投资者权益保护问题既是资本市场的一个宏观问题,又是要落实到每位投资者身上的微观问题。如何从立法层面更细致地规定中小投资者保护的内容,形成法律、行政法规、部门规章及操作性指引;如何从司法层面推动示范判决制度、探索强制调解机制等制度的建设;如何从监管层面创新机制,加大对侵害中小投资者合法权益的违法违规行为的打击和惩罚力度,更多地保护中小投资者的合法权益;如何帮助中小投资者树立权利意识,建立长期投资、价值投资理念,强化风险意识,提高维权能力。这些问题的解决都不是一蹴而就的,我们需要扎根于中国资本市场的土壤,需要政策、法律的研究,需要投保机制的创新,需要与广大中小投资者面对面地交流。为此,投服中心出版系列丛书,以投服中心工作为蓝本,研究了一些热点问题,探索了一条“投服模式”的投资者保护道路,积累了一些经验分享给读者。

“投服中心系列丛书”由《投资者权益知识读本》《持股行权案例评析》《纠纷调解案例评析》《支持诉讼案例评析》《投服研究》等书组成。其中《投资者权益知识读本》登载的“权益360”系列文章,根据我国资本市场和广大投资者的实际情况,接地气、聚人气,本着知识性、实用性、趣味性的宗旨,为投资者普及权益知识。《持股行权案例评析》《纠纷调解案例评析》《支持诉讼案例评析》汇集了投服中心持股行权、纠纷调解及支持诉讼工作中具有代表性的实际案例,旨在进一步发挥投服中心的示范引领作用,唤醒广大中小投资者的股东意识,督促上市公司提高依法运营水平;以及进一步探讨在全国范围内的建立调解合作、小额速调、诉调对接、证券支持诉讼示范判决等机制。《投服研究》选取了投服中心课题中较为突出的研究报告,包含投资者交易行为研究、上市公司章程反收购条款效力研究、证券市场投资者保护条例等一系列资本市场热点、难点问题的研究。“投服中心系列丛书”综合了普及性、专业性及学术性的特点，面向广大投资者、上市公司及专家学者等群体，期望与其一道共同推动中小投资者权益保护工作。

我们希望，“投服中心系列丛书”是一涓细流，能不断汇集中国资本市场土壤上的经验与创新机制，不断丰富学术理论，不断普及权益知识。我们相信，中国中小投资者保护事业能在资本市场各方的努力下，共同谱写新的篇章。

2018 年 8 月

前　言

2020年，在资本市场上，新《证券法》正式实施，创业板注册制改革，“新三板”精选层开市交易等一系列改革创新举措推动了中国资本市场的稳定、健康、可持续发展，也给投服中心的持股行权工作带来了新课题，赋予了新内涵。投服中心立足股东身份，通过角色代入，不断探索修正行权思路，逐渐凝聚共识，即以践行持股行权业务的人民性作为基本政治站位，聚焦广大中小股东的利益痛点，坚持“两条腿走路”，开展持股行权工作。一方面，着眼于上市公司资产的保值增值，任何有损上市公司和股东利益的事情都是行权点；另一方面，切入公司治理，以问题为导向，重点监督上市公司的董监高是否勤勉履职，对明显有瑕疵的事项要及时建议和提醒。

一年来，投服中心以专项行动和个案行权相结合的方式开展行权工作143场次。一是针对56项资产收购事项，质询标的公司高业绩增长的可持续性、高估值的合理性等，建议充分披露标的公司面临的行业风险及评估信息，其中，7项已终止、24项修改了收购方案；二是针对27项单项大额计提应收账款坏账事项，质询公司是否采取追偿措施，建议采取法律手段进行追偿；三是参加17家公司的业绩说明会，对产品竞争力、研发投入、发展规划等进行问询；四是针对资金占用、违规担保等18项公司治理事项，质询公司内控制度是否被有效执行、董监高是否勤勉尽责;五是针对重组业绩承诺未完成且未补偿事件质询补偿进展及措施;六是针对子公司失控事件建议及时采取法律手段维护公司及股东利益;七是针对资产出售事件质询交易价格是否合理等。

以上行权活动或警示既往侵权行为的危害,或阻止新的侵权行为,促进上市公司完善治理,有效地保护了投资者权益。为强化持股行权的示范引领效果,投服中心收录了2020年的典型行权案例,编撰了《持股行权案例评析(2021年)》,行权案例按照内容分为重组上市、关联交易下的资产购买(出售)、非关联交易下的资产购买(出售)、商誉减值等个案行权和类案公开发声等部分。

为行文方便,我们隐去了案例中所涉公司及个人的具体信息,并对部分内容进行了技术处理。本书难免存在错漏之处,希望大家批评指正,并对投服中心持股行权工作提出宝贵意见建议。

目　录

案例1　A公司以支付现金方式收购标的公司

2020年9月,A公司公告了《关于收购子公司少数股东权益暨关联交易的公告》(以下简称《重组方案》),拟以自有资金15,433.00万元收购自然人林某、孙某分别持有的标的公司43.65%、1.35%的股权。本次交易前,A公司持有标的公司55%的股权,本次交易完成后,标的公司将成为A公司全资子公司。

一、案例简介

(一)上市公司基本情况

A公司成立于2012年3月,于2020年3月在深圳证券交易所主板上市交易。发布《重组方案》时,A公司股价为32.67元/股,总股本为100,000,000股,总市值32.67亿元,在本次交易前,A公司控股股东和实际控制人均为陈某和翁某,持股比例为62.04%。

公司主营业务客户涵盖移动通信、汽车及新能源汽车、电力电气、消费电子等行业领域,主要产品包括精密金属零部件、移动通信设备和设计、开发、销售前述类别产品的精密模具。其最近三年的财务状况和经营成果如表1-1

所示。

表 1 – 1　A 公司基本财务指标

单位:万元

项目	2020 年 12 月 31 日	2019 年 12 月 31 日	2018 年 12 月 31 日
总资产	110,648.03	62,249.61	56,010.36
总负债	35,081.56	22,596.59	22,697.96
股东权益	75,566.47	39,653.02	33,312.40
项目	2020 年	2019 年	2018 年
营业收入	58,419.48	60,989.76	59,338.25
利润总额	6483.77	11,009.67	11,019.83
净利润	5552.77	8578.50	8499.60

(二)标的公司基本情况

本次重组交易中,标的公司于 2003 年 9 月成立,主营业务为加工、研发、生产、销售:五金配件、汽车配件、紧固件模具;销售:机械设备、金属材料、包装材料、工具;从事生产所需金属材料、机械设备及五金件的进口业务和自产产品的进出口业务。其最近一年及一期的财务状况和经营成果如表 1 – 2 所示。

表 1 – 2　标的公司基本财务指标

单位:万元

项目	2020 年 6 月 30 日	2019 年 12 月 31 日
总资产	19,287.06	19,934.63
总负债	3346.64	3973.29
股东权益	15,940.42	15,961.34

续表

项目	2020 年 1 ~6 月	2019 年
营业收入	9183.29	21,126.79
利润总额	1110.38	3291.04
净利润	979.08	2889.53

（三）资产重组方案精要

1. 现金收购标的公司

A 公司拟以自有资金 15,433.00 万元收购自然人林某、孙某分别持有的标的公司 43.65%、1.35% 的股权。以某会计师事务所出具的《审计报告》为基础，对标的公司在评估基准日 2019 年 12 月 31 日的股东全部权益进行评估，并出具了资产评估报告，标的公司经审计后净资产账面价值为 15,961.34 万元，采用收益法评估后的股东全部权益价值为 35,300.00 万元（取整到百万），评估增值 19,338.66 万元，增值率为 121.16%。

2. 本次交易的性质

本次交易前，A 公司持有标的公司 55% 的股权，鉴于林某持有标的公司 43.65% 股权，A 公司根据实质重于形式原则，认定本次交易构成关联交易。

二、案例分析

（一）行权过程

2020 年 9 月，投服中心向 A 公司发送了股东质询建议函，针对标的公司的盈利能力、本次交易的估值合理性提出问询。不久，A 公司召开 2020 年第二次临时股东大会，审议通过了本次收购事项。

(二)行权内容分析

1. 关于标的公司的未来盈利能力

公告披露,标的公司主要从事精密紧固件的研发、生产和销售,其产品应用于汽车、移动通信、电力电气等领域,标的公司的主要客户包括上市公司、福特、大众、诺基亚及主流新能源汽车整车厂商等。但交易公告中未披露标的公司紧固件产品分别在汽车、通信、电力电气领域的销售占比,也未披露主要客户中A公司业务的占比。依据A公司2019年年报,A公司2019年整体精密金属零部件的生产量、销售量较2018年同比下滑15.42%、12.83%,库存量同比增长7.15%,可以看出标的公司的主要客户之一(上市公司)的需求呈下行趋势。

同时,依据拟申请在科创板上市的同行业企业明泰股份的招股说明书,每辆乘用车平均需要紧固件4000件,每辆商用车平均需要紧固件7500件,汽车紧固件行业的需求量与汽车行业的发展和周期性变动息息相关。根据中国汽车工业协会的统计数据,2020年上半年,我国汽车产量为1011.2万辆,同比下降16.8%,其中,乘用车产量为775.4万辆,同比下降22.5%。标的公司的主要下游领域之一——汽车行业的整体产量下滑也将影响标的公司紧固件的下游需求。

此外,依据金蜘蛛紧固件网的统计数据,中国已成为全球紧固件最大的生产和出口基地。2018年我国紧固件前五大出口市场分别为美国、俄罗斯、日本、德国和澳大利亚,其中美国是中国紧固件出口第一大国。前期美国政府对中国出口产品加征关税的清单中涵盖了大部分的紧固件产品。相关行业文章显示“很多紧固件企业对美国市场的出口份额占比较大,一旦出口美国受阻,大量产能短时间内无法在国内消化,紧固件行业将面临产能过剩……”由于标的公司是上市公司的控股子公司,标的公司的经营数据纳入上市公司合并报表范围。依据上市公司2019年年报，上市公司外销营业收入为2.57亿元，占总营业收入的比例高达42.2%，但本次交易公告未披露标的公司是否涉及出口业务、产品出口哪些国家以及海外业务是否受中美贸易摩擦的影响。

另外，2020年1月1日生效的《产业结构调整指导目录（2019年本）》将8.8级以下普通低档标准紧固件制造项目列为限制类。交易公告中未披露标的公司紧固件产品的具体型号。

为广大投资者更全面地了解标的公司的未来盈利能力，投服中心建议上市公司在本次临时股东大会召开前补充披露标的公司紧固件产品分别在汽车、通信、电力电气领域的销售占比，主要客户中标的公司对上市公司的销售占比，是否涉及出口业务、出口哪些国家以及是否受中美贸易摩擦影响，紧固件产品的具体品名及型号，是否涉及8.8级以下普通低档标准紧固件。

2. 关于本次交易的估值合理性

公告披露，本次交易的评估基准日为2019年12月31日，收益法评估的标的公司全部股东权益价值为3.53亿元，较账面净资产增值121.16%。而依据上市公司披露的招股说明书，2017年11月，公司实控人之一陈某将其持有的标的公司55%股权转让给上市公司时，标的公司的整体估值为9870.6万元，短短两年半，标的公司的整体估值增值257.63%。而标的公司2017年至2019年的营业收入分别为2.21亿元、2.22亿元及2.11亿元，净利润分别为2163.04万元、2852.63万元及2889.53万元，2019年营业收入、净利润均未出现大幅增长（营业收入下滑4.95%，净利润增长1.29%）。

依据深圳证券交易所《上市公司信息披露指引第5号——交易与关联交易》第45条规定，提交股东大会审议的交易或关联交易事项涉及的交易标的评估值与账面值相比增值超过100%，或者与过去三年内历史交易价格差异超过

100%的,上市公司应详细披露原因及评估结果的推算过程。而本次交易公告未说明估值大幅增长的原因,评估报告也未披露标的公司盈利预测的数值及评估结果的推算过程,投服中心建议上市公司说明在主要客户及下游汽车行业需求下行、标的公司近年来盈利水平未发生大幅增长的背景下,标的公司短期内估值增值 257.63%的合理原因,并建议上市公司补充披露本次评估的评估说明。

案例2　B公司资产置换的关联交易

2020年8月，上市公司B（以下简称B公司）发布了《关于进行资产置换暨关联交易的公告》（以下简称《交易方案》），拟通过资产置换的方式置出公司2019年年报审计报告中保留意见所涉及的应收保理款、其他应收款等债权相关资产及负债，同时置入B公司实际控制人何某涛之父何某茂所持有的X合伙企业，以消除该保留意见的相关影响。本次交易构成关联交易，交易完成后B公司将通过X合伙企业间接持有某纳斯达克上市公司部分美股存托凭证（American Depositary Receipt，ADR）。

一、案例简介

（一）上市公司基本情况

B公司成立于2002年，于2009年8月在深圳证券交易所上市交易。发布交易方案后首个交易日，B公司股价为1.45元/股，总股本为211,714万股，总市值31.57亿元。在本次交易时，B公司控股股东及实际控制人为何某涛，持股比例为23.53%。

B公司的主营业务为海外跨境电商、广告传媒、智能硬件和类金融业务。

报告期内,B公司主要运营NE电商平台、MP第三方市场平台;广告传媒业务以机场媒体为核心,覆盖主要交通领域。其最近两年一期的财务状况和经营情况如表2-1所示。

表2-1 B公司基本财务指标

单位:万元

项目	2021年3月31日	2020年12月31日	2019年12月31日
总资产	979,858.05	964,262.11	888,534.69
总负债	720,226.65	706,501.93	644,092.98
股东权益	259,631.40	257,760.18	244,441.70
项目	2021年1~3月	2020年	2019年
营业收入	423,591.46	1,615,557.52	1,246,825.85
利润总额	-4202.99	22,764.17	-333,280.97
净利润	-4624.11	20,597.38	-337,055.53

(二)标的公司基本情况

1. 置出资产

为便于置出资产交割,将置出资产重组在B公司的子公司W公司之下。截至2020年7月31日,W公司合并报表账面净资产340.27万元,股东全部权益估值价值为343.35万元,较归属母公司所有者权益增值3.08万元,增值率0.90%。其中,W公司及其子公司对集团的往来款项,如表2-2所示。

表 2－2　W 公司及其子公司对集团的往来款项

单位:人民币元

项目	账面价值	估值价值
对集团应收项目	86,103,581.42	86,103,581.42
对集团应付项目	991,710,486.61	991,710,486.61
对集团公司应付项目净额	905,606,905.19	905,606,905.19

2. 置入资产

本次交易最终将置入的资产为某纳斯达克上市公司的美股存托凭证。该纳斯达克上市公司成立于 2015 年,2020 年 7 月在美国纳斯达克上市,总股本 19,000 万股。该纳斯达克上市公司 2019 年发布首款增程式电动车,产品定位于 6/7 座的大型智能增程式电动 SUV。《交易方案》披露时该纳斯达克上市公司近两年一期的经营情况如表 2－3 所示。

表 2－3　某纳斯达克上市公司基本财务指标

单位:万美元

项目	2020 年 3 月 31 日	2019 年 12 月 31 日	2018 年 12 月 31 日
总资产	131,989	136,370	84,231
总负债	65,325	70,702	43,386
股东权益	66,664	65,668	40,845
项目	2020 年 1～3 月	2019 年	2018 年
营业收入	12,021	4076	—*
净利润	－1088	－34,955	－22,327

* 未披露。

(三)交易方案精要

1.资产置换

本次交易包括资产置出及置入,交易对方为何某茂、何某涛。置出资产为B公司2019年年报审计报告中保留意见所涉及的应收保理款、其他应收款等债权相关资产及负债(具体范围由上市公司与相关方协商确定),预估值为9亿元。置入资产为X合伙企业所间接持有的某纳斯达克上市公司美股存托凭证。本次资产置入包括即期收益权转让以及远期资产转让两个步骤。两个步骤为整体交易,交易作价之和为置出资产作价金额,B公司无须向何某茂额外支付现金对价。经公司股东大会批准之日起,置入资产的收益权即归公司所有;自2021年2月起(该纳斯达克上市公司在纳斯达克挂牌上市6个月期满),B公司随时有权要求收购置入资产并办理资产交割。

2.履约保障

何某茂先行将所持X合伙企业全部合伙份额(占该合伙企业合伙份额的80%)过户至公司或公司指定的置入资产承接方名下。双方约定,远期资产转让涉及的置入资产份额,如低于已过户的X合伙企业的合伙份额,则差额部分转回给何某茂;如该份额高于已过户的X合伙企业的合伙份额,则就差额部分上市公司有权要求何某涛以所持X合伙企业的合伙份额或何某茂、何某涛以现金补足。

3.本次交易构成关联交易

本次资产置换的转让方何某茂为公司实际控制人何某涛的父亲,本次交易构成关联交易。

二、案例分析

（一）行权过程

2020年9月，投服中心向B公司发送了股东质询建议函。针对本次置出资产的具体范围和评估依据以及本次交易定价是否对等向B公司提出问题和建议。不久，B公司召开股东大会审议通过了本次交易。

（二）行权内容分析

1. 置出资产的具体范围和评估依据

在本次《交易方案》和相关评估报告中，B公司未说明拟置出的资产的具体范围和形式。根据本次《交易方案》和B公司对深交所2019年年报二次问询函的回复，B公司本次拟置出资产为B公司2019年年报审计报告中保留意见所涉及的应收保理款、其他应收款等债权相关资产及负债（具体范围由B公司与相关方协商确定）。请B公司详细披露本次拟置出的每个资产（包括项目、原值、评估值及增减值原因）及其评估说明。

2. 建议以B公司实际可获得的现金收益作为置入资产定价标准

根据本次《交易方案》，B公司拟置入的资产为何某茂所持的X合伙企业部分合伙份额，所对应的底层资产为某纳斯达克上市公司1062万股的美股存托凭证（以下简称底层资产）。在本次交易中，置入资产的基准价值为置出资产评估值的80%；置入资产的定价则以交割日底层资产的市值为依据，交割日定为底层资产解禁后，交易双方签署置入资产交割确认单之日。

而X合伙企业与底层资产之间存在多层持股结构，如果以出售底层资产后获得的现金收益计算，在经过各层股东的层层税费减损后，B公司实际可获得的收益可能会远低于依据底层资产市值计算得到的置入资产价值,即低于置出资产评估值的80%,造成置入资产与置出资产80%的价值不对等。因此,建议以出售底层资产后可实际获得的现金收益(可参考交割日收盘价模拟计算)作为置入资产的定价依据,而不是以底层资产的市值确定置入金额。

3. 建议对某纳斯达克上市公司或有的退市风险作出特殊安排

2020年5月,美国参议院通过《外国公司问责法案》(Holding Foreign Companies Accountable Act),要求外国公司应遵守美国上市公司会计监督委员会(Public Company Accounting Oversight Board, PCAOB)的审计要求;如果连续三年未能遵守,则该外国公司作为发行人的证券将被禁止在美国交易所进行交易。如果上述法案正式生效,包括某纳斯达克上市公司在内的中概股可能将面临退市风险。一旦该纳斯达克上市公司退市,则本次交易中置入资产的定价依据将不复存在。建议公司针对该纳斯达克上市公司或有的退市情形作出特殊安排,以保障公司及股东利益。

4. 建议明确B公司对底层资产的绝对处置权

本次交易完成后,B公司仅持有X合伙企业部分的合伙份额,剩余份额由何某茂、何某涛父子分别持有。上述合伙结构可能会干扰公司对底层资产的处置决定,建议B公司在交易方案中增加相关条款,明确B公司对所持X合伙企业的份额对应的底层资产享有绝对的处置权,不论出售或持有,其他合伙方均不能干涉。

案例3　C公司支付现金收购某贷款服务公司

2020年9月，C公司公告了《关于收购某贷款服务公司股权暨关联交易事项的公告》（以下简称《交易公告》），拟以现金收购某贷款服务公司（以下简称某贷款服务公司或标的公司）100.00%股权。

一、案例简介

（一）上市公司基本情况

C公司成立于2001年，于2017年7月在深圳证券交易所上市交易。发布交易公告时，C公司股价为27.43元/股，总股本为138,101,400股，总市值为37.88亿元。在本次交易前，C公司控股股东为孙某平，持股比例为46.11%，实际控制人为孙某平。

C公司的主营业务为商务服务业，收入源于供应链管理服务。C公司是一家创新型、综合性专业第三方物流企业，是拥有多家子公司的集团型控股公司。其最近两年一期的财务状况和经营成果如表3－1所示。

表3-1　C公司基本财务指标

单位:万元

项目	2020年6月30日	2019年12月31日	2018年12月31日
总资产	1,225,875.99	1,201,714.48	774,195.80
总负债	1,057,573.96	1,040,827.22	630,939.73
股东权益	168,302.02	160,887.26	143,256.08
项目	2020年1~6月	2019年	2018年
营业收入	83,544.23	1,412,431.17	1,289,631.57
营业利润	12,315.73	18,886.73	16,674.13
净利润	10,500.33	15,633.61	13,635.58

(二)标的公司基本情况

某贷款服务公司的经营范围为企业管理咨询,主要通过其全资子公司某小额贷款有限公司经营小额贷款业务,为跨境电商卖家及中小微企业提供小额贷款服务。本次交易前孙某平持有某贷款服务公司100%的股权。其最近一年的主要财务数据如表3-2所示。

表3-2　某贷款服务公司基本财务指标

单位:万元

项目	2020年7月31日	2019年12月31日	2018年12月31日
总资产	32,552.14	17,228.00	17,409.17
总负债	31,248.73	15,788.83	16,164.83
股东权益	1303.41	1439.17	1244.34

续表

项目	2020年1~7月	2019年	2018年
营业收入	394.35	1280.82	2337.91
营业利润	-211.3	327.34	783.10
净利润	-135.76	194.83	590.06

(三)交易方案精要

本次关联交易中,C公司拟以支付现金方式收购某贷款服务公司100%的股权。

1.估值及交易作价

孙某平同意将其持有的某贷款服务公司100.00%的股权转让给C公司,交易对价全部以现金形式支付。转让后C公司持有标的公司100%的股权,某贷款服务公司成为C公司全资子公司。本次交易采用资产基础法进行评估,资产基础法下某贷款服务公司的评估价值为1304.16万元,评估增值2103.66万元,增值率6.93%;总负债账面价值31,149.66万元,评估值31,149.66万元,评估无增减值;净资产账面价值-799.50万元,评估值1304.16万元,评估增值2103.66万元。以评估价格为基础,经各方协商一致同意,本次股权转让的定价按标的公司估值1304.16万元计算。

2.支付方式

本次交易的支付方式为现金支付,不涉及发行股份购买资产。

二、案例分析

(一)行权过程

2020年9月,投服中心向C公司发送股东建议函,建议C公司详细披露标的公司具体评估信息。

(二)行权内容分析

经研究,投服中心对标的公司评估信息的披露提出以下建议。

公司公告称,资产基础法下标的公司的评估价值为1304.16万元,净资产账面价值-799.50万元,评估增值2103.66万元,公司以该评估价格为基础确定本次交易的价格为1304.16万元。但公司未详细披露标的公司的具体评估信息,导致投资者不能有效判断标的公司质量以及估值的合理性。《深圳证券交易所上市公司信息披露指引第5号——交易与关联交易》第四章第45条规定:“提交股东大会审议的交易或关联交易事项涉及的交易标的评估值与账面值相比增值或减值超过100%,或者与过去三年内历史交易价格差异超过100%的,上市公司应当根据所采用的不同评估方法分别按照本章相关要求详细披露其原因及评估结果的推算过程……”本次交易中标的公司评估增值已达到上述规定的披露标准,建议公司按照有关规定,详细披露有关评估信息。

(三)行权效果

C公司在收到股东建议函后,于2020年9月以公告形式对标的公司评估信息进行了详细披露。

案例 4　D 公司收购某哈萨克斯坦石油公司的关联交易

2020 年 8 月，上市公司 D（以下简称 D 公司）公告称拟收购某哈萨克斯坦石油行业公司（以下简称标的公司）87.5% 的股权，从而间接持有一块位于哈萨克斯坦境内的石油区块（以下简称 A 区块）87.5% 的探矿权权益，交易涉及金额 1650 万美元（约合人民币 1.14 亿元）。

一、案例简介

（一）上市公司基本情况

D 公司成立于 2003 年，于 2017 年 11 月在上海证券交易所上市交易。D 公司主要从事钻井工程服务，其国内主要业务集中于我国陕北、新疆地区，国外主要业务集中于中东、俄罗斯、埃及地区，其主要客户包括马油、BP、哈里伯顿、卢克石油、中石油、中石化、斯伦贝谢、壳牌、巴什石油、威德福等知名石油公司及油服企业。D 公司最近两年一期的财务状况和经营情况如表 4－1 所示。

表 4 –1　D 公司基本财务指标

单位:万元

项目	2021 年 3 月 31 日	2020 年 12 月 31 日	2019 年 12 月 31 日
总资产	506,688.92	504,497.15	542,525.13
总负债	317,563.33	314,122.36	306,036.90
股东权益	189,125.58	190,374.79	236,488.23
项目	2021 年 1 ~3 月	2020 年	2019 年
营业收入	32,929.13	158,466.39	246,290.48
利润总额	–557.96	–44,745.22	11,418.47
净利润	–1192.28	–48,716.45	1718.82

(二)标的公司基本情况

标的公司的股权价值主要来自其全资子公司持有的 A 区块 100% 探矿权权益。A 区块位于哈萨克斯坦阿特劳州,地处哈萨克斯坦最大的含油气盆地—滨里海盆地。美国 D&M 储量评估公司对 A 区块上白垩统储量进行了评估,2P(概算储量)原油地质储量 2480 万吨,经济可采储量 593 万吨,3P(可能储量)原油地质储量 2866 万吨,经济可采储量 857 万吨。A 区块风险较小,已发现油藏埋深浅仅为 400 ~600 米,储层为高孔高渗储层。A 区块的三维地震已经完成,根据三维地震资料初步解释成果,A 区块除已探明的储量外,有较大的勘探潜力和增储空间。标的公司近一年一期的经营情况如表 4 –2 所示。

表4－2　标的公司基本财务指标

单位:万元

项目	2020年6月30日	2019年12月31日
总资产	6003.47	136,370
股东权益	-1100.71	-719.60
项目	2020年1～6月	2019年
营业收入	0.00	0.00
净利润	-381.11	-95.72

(三)交易方案精要

1.股权转让

双方约定,本次交易涉及金额1650万美元(约合人民币1.14亿元),公司先借款500万美元给标的公司用于归还前次股权交易产生的债务,其余1150万美元为对应的股权转让价款,在A区块产油并产生收益后每年按照标的公司下属全资子公司年度税后利润70%比例支付股权转让价款至付清。

2.履约保障

双方协议约定,若A区块探矿权2021年11月不能顺利延续,交易对方一将以本次交易同等条件回购标的公司87.5%股权,交易对方二将为其回购提供担保。

3.本次交易构成关联交易

本次的两名交易对方与上市公司、控股股东没有关联关系,但标的公司系交易对方2020年6月收购所得,当时的出让方是公司控股股东控股子公司的全资子公司,因此本次交易构成关联关系。

二、案例分析

（一）行权过程

2020年9月，投服中心以公开发声的方式，针对A区块能否最终产生经济成果、本次交易目的和定价的合理性等向D公司提出问题和建议，之后公司以公告形式回复了投服中心的问题。后续，D公司召开股东大会审议通过了本次交易。

（二）行权内容分析

1. A区块所处滨里海盆地勘探难度大，能否最终产生经济成果尚不确定

公告披露，A区块位于哈萨克斯坦阿特劳州，地处哈萨克斯坦最大的含油气盆地——滨里海盆地，北距哈萨克斯坦最大的油田田吉兹油田约20公里。虽然三维地震资料分析，A区块盐上新发现油藏构造，储量有进一步增加的空间，但KAZENERGY杂志2018年发布的文章《2017年哈萨克斯坦国家能源报告——油气勘探的现状和前景》显示，滨里海盆地的勘探工作难度较大，该地区的勘探活动成果呈大幅下降趋势，由于该地区深矿层层压很高且存在高含硫天然气，勘探时很难预测盐下碳酸盐储层的储油性，需采用相对复杂的钻井技术，价格昂贵且风险较高。2018年12月，广汇能源公告由于在较深的勘探井中发现了较高含量的硫化氢，商业开采成本高于预期，开发存在较大风险及难度，决定终止2012年收购的南依玛谢夫油气区块项目（同样位于滨里海盆地），并对该项目累计出资的4562.8万美元全部计提长期股权投资减值准备，项目终止前油气区块长期处于风险勘探期，未产生收入。

由于本次交易的A区块也处于滨里海盆地，请D公司结合滨里海盆地的

地质特征、勘探技术难度等说明标的公司后期勘探工作尚需投入的资金，以及勘探工作的实际进展，包括但不限于所在油田盐上、盐下的最新原油地质储量及可采储量、较2014年的储量数量变动情况、原油采收率、勘探井数、总井数等信息；同时，建议公司以广汇能源收购案例为鉴，在本次交易评估中充分考量A区块可能面临的勘探经济成果不确定的风险。

2. 本次交易评估中，D公司是否已就哈萨克斯坦2018年《矿产资源及矿产资源利用法典》对标的公司未来经营产生的影响进行了充分考量

公告披露，A区块矿权于2021年11月到期，在满足一定投资的情况下，矿权可以延期1年，最长可累计延期4年，本次交易设置了延期未获批的回购条款。而哈萨克斯坦2018年6月新生效的《矿产资源及矿产资源利用法典》（以下简称《新资源法》）取消了原来允许资源利用者勘探评价、试采延期数次的情况，其第278条过渡条款明确规定为《新资源法》生效前签署的勘探合同提供最后一次不超过3年的延期机会。[①] 可以看出，哈萨克斯坦新资源法对勘探期延期申请采取了趋于严格的政策，A区块矿权延期获批的难度加大。即使本次勘探延期申请获批，按照现行规定标的公司必须于2024年11月前完成勘探评价工作，若勘探工作无法转化为开发，勘探合同终止，标的公司将无法收回前期大额投资。为降低本次收购的不确定性，公司是否可以考虑在取得矿权延期批准后再对标的公司进行收购。

此外，《新资源法》对完成开发方案中各类生产指标、履行科研义务、申请开发合同延期等均提出了更苛刻的要求，对矿产资源利用开发的监管及处罚力度明显加大[②]。请上市公司说明是否就《新资源法》对标的公司未来可能产生

① 明海会等人：《哈萨克斯坦新资源法对油气合同的影响及案例分析》，载《国际石油经济》第26卷第10期，新资源法明确规定油气勘探开发联合合同的勘探期为6年，试采期3年，可延期一次（3年）。

② 同上。

的影响进行了充分评估,将如何应对标的公司可能面临的前述风险,上市公司是如何将前述影响在本次评估中进行考量的。

3. 原出让方不直接将标的公司股权转让给上市公司的原因

公告披露,2020年6月,为解决同业竞争,原出让方将其持有的标的公司87.5%的股权以1150万美元交易对价转让给交易对方一,交易对方一须先行借款500万美元给标的公司用于归还其对原出让方的欠款;截至2020年9月3日,标的公司86%的股权登记在交易对方一的名下,其余的1.5%正在办理相关手续,其中0.5%股权由原始股东代持,交易对方一暂未向标的公司提供500万美元借款,转由公司在本次交易中向标的公司提供借款。公司解释,由于新冠肺炎疫情及油价下跌等不利因素影响,交易对方一未能完成融资进行后续勘探开发作业。事实上,2020年5月已报道哈萨克斯坦田吉兹油田新冠肺炎病毒感染人数近1000人,2020年4月国际油价已出现暴跌,布伦特原油期货价格跌至20美元/每桶以下,交易对方一在2020年6月收购前应已预知前述问题。

请公司说明为何出让方2020年6月不直接将标的公司股权转让给公司,而是通过先转让给交易对方一,再由交易对方一在2个月后转售给上市公司,以解决所谓的同业竞争问题;交易对方一未按照约定先行提供500万美元借款,出让方却已将86%的股权登记至交易对方一名下是否符合正常商业逻辑;为何标的公司剩余1.5%股权尚未登记在交易对方一名下,其中0.5%股权为何仍由原始股东代持;出让方何时向标的公司提供了500万美元借款,标的公司如何使用了前述借款,借款是否全部用于支付收购A区块剩余50%的权益。

4. 国际原油价格大幅下降,本次转让定价是否合理

2018年2月,原出让方收购标的公司股权的对价为1150万美元,此时布伦特原油期货结算价维持在60美元/桶至70美元/桶,2018年10月曾上涨至超

过80美元/桶。而截至2020年8月28日布伦特原油价格已下跌至45美元/桶,但本次股权转让价格仍为1150万美元。国际货币基金组织预计新冠肺炎疫情将导致2020年全球石油需求同比下降约8%,2020年油价同比下降41%,国际能源署与欧佩克组织也作出了类似的预测。在国际油价大幅下跌的背景下,本次收购仍以2018年的价格作为本次交易的股权转让对价是否合理,是否存在间接向关联方进行利益输送的嫌疑。

此外,公告披露,石油价格直接决定A区块未来的盈利情况,如果未来石油价格长期保持低迷将影响项目的收益。而《国际石油经济》发布的《哈萨克斯坦油气行业现状及合作前景》披露"环里海油气开发成本较高,低油价下经济有效开发难度较大,当前哈萨克斯坦优质油气资源已基本进入开发中后期,油气生产平均成本约为50美元/桶"。请上市公司说明是否已将油价下跌趋势对标的公司未来盈利能力的影响在本次估值中进行了充分考量。

投服中心希望D公司能在临时股东大会召开前对前述疑问详细说明,建议公司借鉴广汇能源当时对境外资产充分披露的做法,在投资者表决前披露标的公司的评估报告、审计报告、境内外中介机构出具的法律、财务、税务尽职调查报告、勘探综合评价研究报告等,让投资者对境外资产的实际情况及可能面临的风险充分了解,审慎评估,理性决策。

案例5　E公司收购某化妆品行业公司的重组交易

2020年6月，上市公司E（以下简称E公司）发布公告，拟通过E公司下属全资子公司出资人民币5.58亿元，购买某化妆品行业公司（以下简称标的公司）74.93%的股权。

一、案例简介

（一）上市公司基本情况

E公司成立于1987年，于1992年9月在上海证券交易所上市交易。在本次交易时，E公司控股股东为某集团公司，持股比例为68.59%，实际控制人为郭某昌。

E公司的主营主要包括文化商业及智慧零售、珠宝时尚、文化餐饮和食品饮料、国潮腕表、美丽健康、复合功能地产等业务板块，最近两年一期的财务状况和经营情况如表5-1所示。

表5－1　公司E基本财务指标

单位:万元

项目	2021年3月31日	2020年12月31日	2019年12月31日
总资产	12,019,877.13	11,224,718.96	9,945,316.69
总负债	7,951,774.24	7,218,142.87	6,297,963.08
股东权益	4,068,102.90	4,006,576.09	3,647,353.62
项目	2021年1～3月	2020年	2019年
营业收入	1,085,806.48	4,405,075.96	4,291,222.81
利润总额	75,091.84	527,394.13	540,608.68
净利润	60,953.08	402,325.33	390,615.06

本次交易的直接受让方是公司2019年新设全资子公司,拥有中药老字号“童某某堂”品牌,通过该品牌从事药的批发和零售、中药饮片制造业务,已形成了冬虫夏草、精致饮片、人参(粉)、西洋参系列等知名系列产品,2019年净利润及净资产均为－530.47万元。

(二)标的公司基本情况

本次收购的标的公司持有以色列化妆品品牌A公司100%股权及草本护肤品W品牌公司68%的股权。2016年9月标的公司全资子公司并购了以色列A公司,当时以人民币5.3亿元的对价购买其100%的股权;2020年3月标的公司并购W＊＊Holding Inc.和W＊＊East Cosmetics(Wuhan)Ltd.两家公司,整体估值为8000万美元,以5440万美元(人民币3.8亿元)的对价购买其68%的股权。本次交易前,标的公司股权结构如表5－2所示。

表5－2　标的公司股权结构

股东名称	认缴出资额/万元	实缴出资额/万元	出资形式	出资比例/%
股东1	54,450.00	54,450.00	股权	74.93
股东2	9919.74	9919.74	股权	13.65
股东3	650.20	650.20	股权	0.90
股东4	7644.27	7644.27	现金	10.52
合计	72,664.21	72,664.21	—	100

截至2019年12月31日，模拟合并的标的公司资产总额为147,472.19万元，负债总额为64,911.51万元，所有者权益为82,560.68万元。2019年营业收入为60,513.71万元，净利润为－2667.12万元。A公司2019年营业收入约4.55亿元、净利润约0.18亿元。W品牌公司2019年营业收入约1.14亿元、净利润约0.24亿元。

(三)交易方案精要

1.股权转让

转让方拟将其持有标的公司74.93%的股权转让给上市公司，转让价格为人民币1.0251元/每1元注册资本，股权转让款合计为人民币55,818万元，对应的标的公司100%股权的估值为人民币74,493万元。

2.本次交易构成关联交易

E公司与交易对方属于同一控股股东，实际控制人为郭某昌，本次收购构成关联交易。

二、案例分析

（一）行权过程

2020年6月，投服中心向E公司发送了股东质询建议函。针对本次交易中标的公司的未来盈利能力提出了问题和建议。后续，E公司召开股东大会审议通过了本次交易。

（二）行权内容分析

1. 建议补充披露A公司和W品牌公司的经营模式及营销数据

公告披露，标的公司成立于2018年5月，持有以色列化妆品A品牌公司100%的股权和草本护肤品W品牌公司68%的股权，2019年净利润为-2667.12万元。收购公告仅简单披露了两家品牌公司的产品类别、价位、2019年净利润及营业收入等信息，未披露两家品牌公司的具体经营模式、近年来的营销数据、竞争优势等核心经营信息及数据。依据浙商证券2020年6月发布的化妆品行业深度研究报告，化妆品公司的渠道布局能力是行业内的核心壁垒，能否巩固原有渠道、迅速渗透新兴渠道等是决定品牌竞争地位的关键。而充分了解A品牌公司和W品牌公司的经营模式、营销渠道布局、市场占有率、线上及线下销售额等将有助于广大中小股东了解标的公司的未来盈利能力，从而可以对公司本次收购事宜进行理性决策。请公司在本次股东大会召开前补充披露A品牌公司和W品牌公司的线上销售及线下销售的占比、直销及经销占比、各品牌在中国及全球市场的市场占有率、各品牌2018年至2019年线上交易的成交总额，并按照商超、百货、日化专营店、单品品牌店、美容院、国际机场免税店等不同销售渠道分地区披露2018年至2019年各类渠道的经销商数量、网点数量以及销售额。

2. 建议补充披露标的公司下属其他品牌的经营数据

依据标的公司估值报告,标的公司旗下主要有以色列 A 品牌、美国 W 品牌、韩国 N 品牌等三个品牌,拥有多家子公司,但本次关联交易公告及补充公告中均未披露韩国 N 品牌公司的经营状况,仅提及了 A 品牌和 W 品牌两个品牌信息。由于本次收购的标的为标的公司 74.93% 的股权,下属主要子公司的经营情况将对标的公司的未来经营数据产生影响。请公司补充披露韩国 N 品牌的经营信息及近两年的营业收入、净利润等经营数据。

案例6　F公司以支付现金方式收购标的公司

2020年5月,F公司公告了《关于全资子公司收购标的公司100%股权暨关联交易的公告》(以下简称《重组预案》),F公司的全资子公司经与标的公司的股东A公司、某合伙企业(有限合伙)及自然人钱某协商一致,拟使用自有资金收购标的公司(以下简称标的公司)100%的股权。

一、案例简介

(一)上市公司基本情况

F公司成立于1997年11月,于2015年3月在深圳证券交易所创业板上市交易。发布《重组预案》时,F公司股价为16.46元/股,总股本为515,253,388股,总市值85.38亿元,在本次交易前,F公司控股股东和实际控制人为钱某和管某,合计持股比例为37.36%。

F公司主要从事电子材料领域各类光刻胶专用电子化学品的研发、生产和销售及相关贸易业务。其最近三年的财务状况和经营成果如表6-1所示。

表 6－1　F 公司基本财务指标

单位:万元

项目	2020 年 12 月 31 日	2019 年 12 月 31 日	2018 年 12 月 31 日
总资产	301,733.94	210,314.60	188,245.97
总负债	108,427.85	42,790.33	32,056.17
股东权益	193,306.09	167,524.27	156,189.80
项目	2020 年	2019 年	2018 年
营业收入	77,647.25	86,390.67	73,908.36
利润总额	10,604.42	17,262.08	15,931.19
净利润	9287.15	15,060.59	14,655.65

(二)标的公司基本情况

本次重组交易中,标的公司于 2017 年 5 月成立,主营业务为 LED 光固化材料及感光材料的研发及销售,其 2019 年的财务状况如表 6－2 所示。

表 6－2　标的公司基本财务指标

单位:万元

项目	2019 年 12 月 31 日
总资产	7772.08
总负债	912.30
股东权益	6859.78

(三)资产重组方案精要

1. 现金购买资产

F 公司的全资子公司经与标的公司的股东 A、某合伙企业(有限合伙)及钱某协商一致,拟使用自有资金收购标的公司 100% 的股权。

根据某会计师事务所出具的《审计报告》，目标公司截至基准日经审计的净资产值为人民币68,597,795.88元。另外，根据《资产评估报告》，目标公司名下《不动产权证》项下土地使用权截至基准日的评估值为1788.00万元，相比其账面价值增值5,674,730.88元。各方据此商定，本协议项下标的股权的转让价款为人民币74,215,858.12元。

2. 本次交易的性质

A公司是公司控股股东、实际控制人钱某、管某共同控制的公司，且钱某担任董事长职务。公司董事、总经理李某持有A公司3.33%的股权。本次股权收购交易构成关联交易。

二、案例分析

（一）行权过程

2020年5月，投服中心向F公司发送了股东质询建议函，针对标的公司的未来盈利能力提出问询。本次交易后经公司2019年年度股东大会审议通过。

（二）行权内容分析

1. 标的公司主营产品、终端客户、产销指标、行业地位、竞争优势等有关盈利能力的核心信息缺失

公告披露，标的公司成立于2017年9月，主要经营范围为化工原料及产品（除危险品）的研发和销售等。标的公司2019年、2020年第一季度的净利润分别为-189.52万元、-450.3万元，经营活动产生的现金流量净额分别为-870.84万元、-177.67万元。公司未披露标的公司的主营产品、终端应用领域、下游客户、产量、产能及产能利用率、销量、库存量、产销率、行业地位/市场

占用率、所属行业的发展趋势、相较同行业可比公司的竞争优势等关于标的公司实际经营状况的核心信息。由于标的公司是一家仅成立2年多的新公司,本次交易系向控股股东、实际控制人购买资产,且此次收购需股东大会审议,为便于广大中小股东理性决策,投服中心建议公司在本次股东大会召开前对前述信息进行补充披露。

2. 标的公司应收关联方款项占比较高的原因不明

审计报告披露标的公司2020年第一季度的应收款项为5931.5万元,主要包括3031.47万元的应收账款及2795.2万元的其他应收款,其中应收关联方账款为1593.94万元,占应收账款总额的52.58%,其他应收关联方款项为2729.25万元,占其他应收款比例高达97.64%。投服中心建议公司补充说明前述大额应收关联方款项发生的交易背景,关联方尚未偿还其他应收款的原因,是否存在控股股东等关联方占用标的公司资金的可能。

案例7 G公司现金购买某机器人焊接公司51%股权

2020年3月,G公司公告了《重大资产购买暨关联交易报告书(草案)》(以下简称《重组草案》),公司拟以4.0898亿元向控股股东通过现金支付方式购买其持有某机器人焊接公司(以下简称标的公司)51%的股权。

一、案例简介

(一)上市公司基本情况

G公司成立于2002年2月,于2015年3月在深圳证券交易所中小板上市交易,实际控制人为吴某,是一家南京的民营企业。G公司的业务覆盖了从自动化核心部件及运动控制系统、工业机器人到机器人集成应用的全产业链,主要包括两个核心业务:一是自动化核心部件及运动控制系统;二是工业机器人及智能制造系统。其最近三年的财务状况和经营成果如表7-1所示。

表7-1　G公司基本财务指标

单位:人民币万元

项目	2020年12月31日	2019年12月31日	2018年12月31日
总资产	568,482.16	378,697.02	362,101.73
总负债	369,740.78	206,808.03	190,488.88
股东权益	198,741.38	171,888.98	171,612.84
项目	2020年	2019年	2018年
营业收入	251,016.66	142,145.97	146,102.46
利润总额	15,845.49	9310.88	12,365.84
净利润	15,155.72	8813.87	11,393.01

(二)标的公司基本情况

本次交易拟购买的资产为标的公司51%的股权,标的公司系为交易设立的特殊目的公司,主要资产为间接持有的一家德国机器人焊接公司股权。某机器人焊接公司业务始于1919年,总部位于德国黑森州Haiger,是全球知名的机器人焊接领域企业,主要从事柔性自动化焊接设备与工业机器人系统应用等非标智能装备产品的研发、设计、生产、销售及技术服务,核心业务为焊接自动化系统和备品备件销售及服务业务。

其最近两年一期的主要财务状况如表7-2所示。

表7-2　标的公司主要财务数据

单位:人民币万元

项目	2019年10月31日	2018年12月31日	2017年12月31日
总资产	132,300.73	127,717.88	100,263.88
总负债	165,379.10	167,322.26	149,508.88
股东权益	-33,078.37	-39,604.38	-49,245.00

续表

项目	2019年1~10月	2018年	2017年
营业收入	105,196.74	106,478.74	83,938.77
营业成本	66,126.74	62,494.81	50,242.98
净利润	9314.74	9447.09	5119.61

（三）重大资产重组方案精要

1.交易方案

公司向控股股东通过现金支付方式以人民币4.0898亿元购买其持有的标的公司51%的股权，由于交易对方系上市公司控股股东，本次交易构成关联交易。为顺利推进交易，交易前控股股东与上市公司联合投资设立标的公司，并在标的公司子公司层面引入战略投资，收购某机器人焊接公司。

2.业绩承诺与补偿协议

补偿义务人同意并承诺，标的公司2020年、2021年、2022年扣除非经常性损益后的合并净利润分别不低于880万欧元、948万欧元、1147万欧元。

3.本次交易对上市公司未来发展的意义

上市公司披露本次交易有助于公司“机器人+”战略的布局实施，获得标的公司一流技术和产品线，进入国际中高端市场，开展激光焊接和3D金属打印领域合作等。

二、案例分析

（一）行权过程

2020年3月，投服中心向公司发送股东质询建议函。一是质询本次交易对标的公司营业收入、营业成本的预测是否合理;二是质询本次交易对标的公司未来研发费用的预测是否合理;三是质询本次交易对标的公司的折现率、市场预期报酬率取值是否合理。2020 年 4 月,公司在回复深圳证券交易所关于本次交易的重组问询函中一并将投服中心的提问具体说明并公告披露。当月,2020 年第一次临时股东大会审议通过了本次交易方案。

(二)行权内容分析

1. 本次交易对标的公司营业收入、营业成本的预测是否合理

(1)营业收入的预测是否合理

重大资产购买交易报告书(以下简称交易草案)披露,某机器人焊接公司为标的公司的经营性资产,主要从事柔性自动化焊接设备与工业机器人系统应用等非标智能装备产品的研发、设计、生产、销售及技术服务。依据交易草案披露的标的公司 2017 年至 2019 年 1 ~ 10 月已实现的以及预测的 2019 年 10 ~ 12 月至 2025 年的营业收入、营业成本,投服中心计算出相应年度的营业收入增长率、营业成本增长率、销售毛利率如表 7 – 3 所示。

表 7 – 3 标的公司本次交易盈利预测情况

单位:%

项目	2018 年	2019 年	2020 年	2021 年	2022 年	2023 年	2024 年	2025 年及以后
营业收入增长率	27	4.36	3.52	10.71	9.22	11.95	13.32	0
营业成本增长率	24.55	11.74	3.88	10.80	9.27	12.02	13.39	0
销售毛利率[1]	40.85	36.84	36.5	36.5	36.5	36.5	36.5	36.5

注:[1] 销售毛利率 =(主营业务收入 – 主营业务成本)/主营业务收入。

从表7－3可以看出，本次预测的营业收入自2021年起每年以10%左右的增速增长，但交易草案中未详细披露在手订单、产品价格趋势、市场情况等预测依据。投服中心通过对标的公司销售价格、销售量的趋势变化分析，对本次交易预测的营业收入的合理性存疑。一是依据申万宏源发布的关于工业机器人的行业研究报告[①]，全球工业机器人价格以年均6%左右的速度下降；行业新闻[②]披露，工业机器人10年前销售均价在人民币50万元/台左右，现在“四大家族”（包括瑞士ABB、日本发那科、日本安川电机以及德国库卡）机器人的售价在15万～20万元/台，而随着减速机等零部件国产化后，工业机器人均价将可能进一步下降至5万元。因此，可以看出标的公司所处的工业机器人行业正面临着产品价格持续下降的趋势。二是依据交易草案，某机器人焊接公司仅位于全球工业机器人领域的第三梯队，而第一梯队的“四大家族”公司已合计在全球工业机器人市场的占有率超过50%，可以看出某机器人焊接公司在全球市场的市占率并不高；同时，交易草案披露，某机器人焊接公司所从事的柔性自动化装备及工业机器人系统应用基本为非标准化作业，将产线批量复制存在较大难度，难以形成规模效应，行业内企业品牌的建立需要下游客户在设备的使用过程中对设备的稳定性、精确性及性价比等内容进行多方面的长期考察，品牌地位的建立需要长时间的积累。从某机器人焊接公司的前述行业特征及较低的市场占有率可以看出，该公司难以在短期内实现销售量上的爆发式增长。

依据营业收入与评估价值的敏感性测试，营业收入增长率每增加5%，标的公司的评估结果将增加22.68%，因此营业收入的预测值将对估值产生较大

---

① 该行研报告全称为《我国工业机器人爆发式必然趋势，国产厂商充分享受行业红利》（申万宏源研究，2018年6月7日）。

② 该文章于2018年2月26日发表在电子发烧友网上，题为《工业机器人发展趋势分析》。

影响。请标的公司及评估机构结合标的公司的在手订单、产品价格趋势、市场占有率、行业特征、市场环境等实际情况说明在行业整体销售单价下降、销售量无法短期大幅增长的背景下,本次交易预测 2021 年起每年营业收入增长率维持在 10% 左右的合理依据。

(2)营业成本的预测是否合理

从表 7 - 3 可以看出,本次交易预测的营业成本增速出现大幅下降,由 2018 年的 24.55% 下降至 2020 年的 3.88%,2021 年起后续年度也仅维持在每年 10% 左右的增速,远低于标的公司历史营业成本增速,且未在交易草案中具体说明预测依据。投服中心从核心零部件供求关系、上游原材料的价格增长趋势、同行业可比公司的营业成本增速比对分析,对本次交易预测的营业成本的合理性存疑。

一是本次交易估值是否充分考虑了标的公司可能面临核心零部件供货紧张、上游原材料成本上升的情形。交易草案披露某机器人焊接公司原材料主要包括减速器、伺服系统、工装夹具等。依据未来智库发布的 2019 年工业机器人行业深度研究报告,伺服电机、减速器、控制器是工业机器人三大核心零部件,占工业机器人总成本约 70%,其中减速器占整机成本约 35%,全球减速器市场几乎被日本企业(如日本纳博特斯克、日本哈默纳科等公司)垄断。而依据国金证券于 2019 年 11 月发布的工业机器人行业研究报告,①长期来看减速器的外资供给紧张,处于供小于求的局面,例如,从 2016 年年底开始,日本纳博特斯克公司新签订单持续饱满,交货期不断延长,2018 年交货期已经延长到 6 个月以上,若国产减速器产能不能在很短时间内实现成倍增长,将无法满足市场缺口。同时,2018 年电子元器件从半导体硅晶圆、被动组件、MOSFET、电阻、铝电

---

① 该行业研究报告的全名为《静待拐点,如何跟踪和预测市场需求》(工业机器人深度报告)。

解电容、MLCC、二极管纷纷涨价，也传导了各类伺服等零部件的价格上涨。请标的公司及评估机构说明在核心零部件市场供求关系紧张、上游原材料价格上涨的背景下，却预测营业成本增长率大幅下降是否合理。

二是本次交易预测的营业成本增长率远低于同行业可比公司。依据同行业可比公司机器人（300024）的历年营业成本变动情况，2015 年至 2018 年其工业机器人业务领域的营业成本增长率分别为 15. 9%、33. 8%、16. 77%、24. 21%，远高于标的公司的预测值。请标的公司及评估机构结合前述问题详细说明本次交易营业成本预测值的合理依据。

（3）毛利率的预测是否合理

依据 Wind 行业中心数据，工业机器人行业公司 2015 年至 2018 年的平均毛利率稳定在 30. 8%至 31. 19%。从表 7－3 可以看出，标的公司自 2020 年起毛利率的预测值均为 36. 5%，高于行业均值。按照毛利率与评估价值的敏感性测试，毛利率每增加 5%，标的公司估值将增加 28. 87%，毛利率的取值对标的公司估值高低影响较大，建议标的公司及评估机构说明本次交易确定毛利率预测值的合理依据。

2. 本次交易对标的公司未来研发费用的预测是否合理

依据《重组草案》披露的标的公司 2017 年至 2019 年 1～10 月已实现的以及预测的 2019 年 10～12 月至 2025 年的研发费用，投服中心计算出相应年度的研发费用的增长率、占当年营业收入的比例如表 7－4 所示。

表 7－4　标的公司本次交易盈利预测情况

项目	2018 年	2019 年[1]	2020 年	2021 年	2022 年	2023 年	2024 年	2025 年及以后
研发费用[2]/万欧元	322.92	371.66	735	814	835	796	677	677
增速/%	－13.05	15.09	97.76	10.75	2.58	－4.67	－14.95	0
营业收入[3]/万欧元	13,607.85	14,200.82	14,700	16,275	17,775	19,900	22,550	22,550
占营收比/%	2.37	2.62	5	5	4.7	4	3	3

注:[1] 由于交易草案披露的 2019 年 10 月至 12 月的预测值包括了 10 月的研发费用,为避免重复计算 2019 年 10 月的数值,投服中心计算的 2019 年全年值为经审计的 2019 年 1 月至 10 月的数值加上 2019 年 10 月至 12 月的预测值 * 2/3。

[2] 2018 年至 2019 年 1 月至 10 月的研发费用数据摘自审计报告,以 1 欧元兑人民币 7.8676 元人民币的汇率折算。

[3] 营业收入数据摘自交易草案披露的数据。

从表 7－4 可以看出,本次预测的研发费用除 2020 年预测增加 97.76% 外,研发费用增速及研发费用占营业收入的比例均自 2021 年起逐年递减。而依据广证恒生的 2019 年工业机器人行业中报分析的研究报告,①2019 年上半年主板同行业企业研发投入总计 17.7 亿元,平均研发费用为 0.59 亿元,同比增长 12.4%,2018 年同行业企业研发费用整体增速为 27.2%,标的公司预测的研发费用增速(除 2020 年外)远低于行业平均增速。同时,对比同行业可比公司机器人近年来的研发投入增速,2015 年至 2018 年的研发投入增速分别为 23.66%、17.67%、66.09%、18.4%,也远高于标的公司的预测值。

① 该研究报告全称为《2019 年工业机器人行业中报分析:行业步入寒冬,马太效应凸显》(广证恒生,2019 年 9 月 17 日)。

工业机器人属于智力密集和高附加值行业,研发投入是行业内企业保持核心竞争力、持续发展的关键要素。研究报告披露,从工业机器人产业链以及下游应用领域来看,系统集成商、本体制造商和上游零部件厂商研发费用占营收比例整体呈现逐渐提升态势,行业整体的研发费用占比为6.92%,而标的公司自2021年起预测的研发费用占比逐年下降且低于行业整体研发费用占比6.92%。请标的公司及评估机构结合同行业可比公司、行业整体情况说明本次研发费用预测的合理依据;并说明在研发费用增速、研发费用占比逐年递减的背景下将如何保持核心竞争力。

3.本次交易对标的公司的折现率、市场预期报酬率取值是否合理

交易草案披露,本次交易取的折现率为8.4%,有财务杠杆的Beta值约为1.04,权益成本约为8.5%。依据近年来A股上市公司进行重大资产重组收购标的公司同属工业机器人行业的案例(详见表7-5),本次交易的折现率明显低于同行业并购案例的折现率均值11.48%,标的公司的权益成本(R_e)明显低于同行业并购案例的均值12.42%。由于权益成本 $R_e = R_f + \beta \times (R_m - R_f) + R_s$,本次交易中 R_s 取2%,R_f 取10年德国国债利率0.31%,推导出市场风险溢价($R_m - R_f$)为5.95%低于同行业可比交易的均值6.92%,其中市场预期报酬率 R_m 为6.26%,远低于同行业可比交易的均值10.43%,但交易草案中未披露 R_m 的取值依据。依据折现率与评估价值的敏感性测试,折现率每减少3%,评估价值将提高6.19%,请公司结合同行业可比交易说明本次交易折现率、权益成本、市场风险溢价、市场预期报酬率取值较低的原因以及相关依据。

表7-5 本次交易可比交易数据

收购时间	收购方	标的公司	有财务杠杆的β值	折现率(%)	权益成本(R_e)(%)	市场风险溢价(R_m-R_f)(%)	市场预期报酬率(R_m)(%)
2017年	爱仕达	松盛机器人	0.9	12.56	12.82	6.54	10.47
2017年	哈工智能	天津福臻	0.72	11.29	11.95	7.25	9.98
2016年	科大智能	冠致自动化	0.7828	10.88	13	6.65	10.44
2016年	山东威达	德迈科	0.727	11.2	11.9	7.22	10.84
均值	—	—	0.78245	11.48	12.42	6.92	10.43
本次交易	G公司	标的公司	1.04	8.4	8.5	5.95	6.26

案例8　H公司高买低卖某信息安全公司

2020年11月，上市公司H（以下简称H公司）公告了《关于拟签署下属子公司股权转让协议的公告》（以下简称《交易方案》），拟将此前于2016年以4.04亿元对价收购的某信息安全公司（以下简称标的公司）的100%股权以2.5亿元对外转让，股权最终受让方中的三位即白某龙、马某与闫某程为此前将标的公司转让给上市公司时的主要股权出让方。

一、案例简介

（一）上市公司基本情况

H公司成立于1999年1月，于2009年10月在深圳证券交易所上市交易。发布《交易方案》时，H公司股价为12.30元/股，总股本为86,832万股，总市值106.80亿元。在本次交易时，池某明为H公司的控股股东与实际控制人。

H公司主要从事教育业务与信息安全业务。2019年年报显示公司教育业务已占公司营业收入的88.56%。其最近一年一期的财务状况和经营成果如表8-1所示。

表 8 -1　H 公司基本财务指标

单位:万元

项目	2019 年 12 月 31 日	2020 年 9 月 30 日
资产总额	765,679.49	743,627.43
负债总额	407,547.12	397,468.06
净资产	358,132.38	346,159.37
项目	2019 年	2020 年 1 ~9 月
营业收入	197,933.77	130,315.75
营业利润	3393.32	-11,340.62
净利润	4043.78	-9869.48

(二)标的公司基本情况

标的公司于 2009 年 3 月成立。2016 年 1 月,H 公司以支付现金及发行股份的方式收购标的公司 100% 的股权,交易金额共计 4.04 亿元。本次交易前后,标的公司股权关系结构如表 8 -2 所示。

表 8 -2　标的公司股权关系结构

变更前		变更后	
股东名称/姓名	持股比例/%	股东名称/姓名	持股比例/%
LS 信息技术有限公司	100	GQ 合伙企业(有限合伙)	46
—	—	ZD 信息服务有限公司	20
—	—	QA 合伙企业(有限合伙)	24
—	—	马某	10
合计	100	合计	100

标的公司的主营业务为信息安全产品的开发、销售、服务。其最近一年一

期的财务状况和经营成果如表8－3所示。

表8－3 标的公司基本财务指标

单位：万元

项目	2019年12月31日	2020年9月30日
资产总额	19,227.53	12,441.51
负债总额	4074.04	4898.88
净资产	15,153.49	7542.63
项目	2019年	2020年1～9月
营业收入	3476.38	3238.65
营业利润	－44.14	－734.37
净利润	78.25	－410.86

（三）本次交易方案精要

公司全资子公司拟以25,000万元交易作价向GQ合伙企业（有限合伙）、ZD信息服务有限公司、QA合伙企业（有限合伙）、马某（以上四方合称受让方）出售其全资下属子公司标的公司100%的股权。其中，GQ合伙企业（有限合伙）的股东白某龙与闫某程，白某龙持股82.50%，闫某程持股17.50%。因此，本次股权最终受让方中的三人（白某龙、马某与闫某程）为此前将标的公司转让给H公司时的主要股权出让方。

本次交易不构成关联交易，也不构成《上市公司重大资产重组管理办法》规定的重大资产重组。

二、案例分析

(一)行权过程

2020 年 12 月,投服中心在媒体上公开发声,质询 H 公司在自身盈利能力较弱的情况下拟出售有信心迎来业绩反转的标的公司的合理性,H 公司无法对标的公司施加重要影响的情况下,为其业绩作出高额承诺的合理性,H 公司承担收益与风险远不匹配的原因及合理性,以及独立董事是否勤勉尽责。

不久,H 公司召开临时股东大会审议通过了此次资产出售事宜。

(二)行权内容分析

1. H 公司在自身盈利能力较弱的情况下,拟出售有信心迎来业绩反转的标的公司的合理性

H 公司的主营业务包括教育业务与信息安全业务,在其 2019 年的营业收入中,教育业务占比约 88.56%,信息安全业务占比约 10.52%。2019 年和 2020 年 1 ~9 月 H 公司的营业收入分别为 19.79 亿元和 13.03 亿元,同期净利润分别为 0.49 亿元和 -0.99 亿元,同期净资产收益率分别为 0.92% 和 -2.83%,整体盈利水平较低。其中,H 公司 2016 年收购的标的公司在踩线完成业绩承诺后,业绩严重断层,发生商誉减值,一定程度上拖累了 H 公司业绩。

虽然标的公司现阶段业绩不佳,但 H 公司认为标的公司被卖出之后即将迎来业绩反转,并向交易对方承诺标的公司在 2021 年至 2023 年每年的净利润分别不低于 2700 万元、3100 万元和 3700 万元,三年累计实现净利润不低于 9500 万元。以此计算,标的公司未来三年的平均净资产收益率约为 41.98%,远高于 H 公司目前 -2.83% 的净资产收益率,标的公司将由亏损资产一跃变

为优质资产。在自身盈利能力较弱的情况下,H 公司却卖出优质资产,确实存有令人费解的疑点,希望 H 公司说明这样操作的原因及合理性。

2. H 公司无法对标的公司施加重要影响的情况下,为其业绩作出高额承诺的合理性

白某龙是标的公司的创始人,自 2009 年起担任标的公司的董事长、总经理,马某自 2011 年起一直担任标的公司的副总经理。在 2016 年被 H 公司收购之后,按照约定,标的公司在业务经营决策方面保持独立运营。根据本次股权转让协议,股权交割后白某龙与马某担任标的公司的经营股东,主要负责标的公司的日常经营。由此可见,自成立以来一直到此次被卖出之后,标的公司的实际经营者都没有发生实质改变。

标的公司在 H 公司体内时,H 公司对其经营管理的影响尚且有限,股权转让完成后,H 公司更无法对标的公司经营施加重要影响。不负责标的公司的具体经营,却对标的公司长期以来的实际经营者暨股权受让方作出高额业绩承诺,这有悖于正常的商业逻辑。此外,标的公司仍处于亏损状态,高水平盈利的惯性尚未形成,该资产出售方案下,高额业绩补偿的风险无法排除。请 H 公司说明,在无法对标的公司未来经营施加重要影响的情况下,却对经营者作出高额业绩承诺的底气从何而来,如何规避未来可能发生的高额业绩补偿。

3. H 公司承担收益与风险远不匹配的原因及合理性

根据本次《交易方案》,H 公司通过此番股权转让收获的股权转让款仅为 2.5 亿元,且仅有约 1.81 亿元款项可在短期内收回。但经仔细分析,若执行此方案,H 公司可能面临以下三点风险:一是标的公司没有任何拓展业务的压力。即使未来三年不积极经营,在净利润为 0 的情况下,标的公司也能从上市公司获取 9500 万元的现金补偿。二是标的公司没有任何控费压力。在没有业务拓

展压力的基础上,标的公司若费用大于收入,发生亏损,则不仅能从上市公司获取9500万元,还能就亏损的部分获得业绩补偿款。在极端情况下,H公司的补偿金额可能没有上限。三是标的公司可能发生的高额研发费用带来的风险。H公司收购标的公司之后,标的公司的经营团队,即白某龙、马某等人为了完成业绩承诺而控制研发投入,致使产品竞争力下降,获取新订单能力减弱,标的公司在踩线完成业绩承诺后,马上出现业绩断层,直至亏损。本次买回股权后,白某龙、马某等人成为了标的公司的拥有者兼经营者,为了提高竞争力,增强企业的发展后劲,很可能会加大研发投入。但如果研发投入过大,根据本次方案,超过上限的超额研发费用部分需要由H公司承担。研发投入得越多,H公司需要承担的部分就越多,理论上没有上限,存在极大的风险隐患。希望H公司说明承担收益与风险远不匹配的原因及合理性。

4.独立董事认为本次股权转让不损害上市公司及投资者利益的依据

针对本次《交易方案》,H公司三名独立董事王某春、史某春与王某忠均发表了同意意见,并表示"公司本次拟出售下属全资子公司100%股权事项有利于优化公司业务结构,符合公司发展战略,有利于公司的长远发展。本次交易不会影响公司生产经营活动的正常运行,不会对公司财务及经营状况产生不利影响,不存在损害公司和全体股东利益的情形"。基于此前提出的三点问题,投服中心请独立董事说明本次股权转让协议不损害H公司及投资者利益的依据是什么,独立董事是否就标的公司的实际经营情况、行业发展状况等进行过详细研究,是否充分考虑了本次股权转让方案可能给H公司带来的诸多风险,是否履行了勤勉尽责的义务。

(三)行权效果

2020年12月,H公司以公告形式回复了投服中心的问题,回复较详细。针对为何出售有信心迎来业绩反转的标的公司的问题,H 公司表示剥离标的公司的主要目的是聚焦大语文业务。针对业绩承诺的相关问题,H 公司表示本次为标的公司业绩作出承诺是根据标的公司的经营情况、相关能力、所处行业前景及未来发展预期作出的,H 公司认为本次业绩承诺风险较低。此外,H 公司补充披露,为维护 H 公司及全体股东利益,减少 H 公司可能面临的潜在风险,马某和白某龙及其控制的 GQ 合伙企业(有限合伙)共同承诺一旦 H 公司根据本次股权转让协议的约定向标的公司进行了业绩补偿,马某和白某龙及其控制的 GQ 合伙企业(有限合伙)承诺放弃补偿金额相对应的权益。因此,H 公司认为发生业绩补偿并给上市公司造成实质性损失的可能性较小。针对 H 公司承担收益与风险不匹配的问题,H 公司在回复公告中补充披露了此前的《交易方案》中未披露的股权转让协议具体内容:本次《股权转让协议》第 10.3 条明确约定,各方确认,无论何种情形转上市公司在考核期内累计向标的公司补偿的实际金额上限不超过 9500 万元,故不存在补偿无上限的风险。针对独立董事的相关问题,H 公司围绕本次出售价格的合理性披露了独立董事进行独立判断的具体依据。

案例9　投服中心呼吁I公司充分考量直播营销行业新规对重组定价的影响

2020年10月，I有限公司（以下简称I公司）发布《筹划重大资产重组停牌公告》，拟通过发行股份及支付现金方式收购某直播营销公司（以下简称标的公司）现有股东所持35%～51%的股权，以谋求公司控制权。具体方案以最终公告方案为准。

2020年11月，I公司公告了《关于支付现金购买资产暨关联交易的公告》，拟以自有及自筹资金不超过58,948.28万元收购某直播营销公司40.27%的股权。同时，I公司股东李某元通过协议转让方式向李某、LQ互联网合伙企业（有限合伙）（以下简称LQ公司）及孔某平分别转让其所持有的I公司2599.53万股股份（合计占I公司总股本15%）。上述现金收购与协议转让互为条件。

一、案例简介

（一）上市公司基本情况

I公司成立于2003年，于2012年5月在上海证券交易所主板上市交易。

发布《关于支付现金购买资产暨关联交易的公告》时，I公司股价为8元/股，总股本为519,905,000.00股，总市值41.59亿元，在本次交易前，I公司实际控制人为李某胜，持股比例为30%。

I公司属于电气设备行业，专业从事特种电线电缆的研发、生产、销售和服务。其最近三年的财务状况和经营成果如表9－1所示。

表9－1　I公司基本财务指标

单位：万元

项目	2019年12月31日	2018年12月31日	2017年12月31日
总资产	293,924.66	224,619.53	181,023.23
总负债	139,944.46	83,073.67	39,042.45
股东权益	153,980.19	141,545.85	141,980.78
项目	2019年	2018年	2017年
营业收入	203,354.57	157,521.01	91,426.55
利润总额	11,030.42	5696.21	1948.82
净利润	10,216.69	5797.68	1688.32

（二）标的公司基本情况

某直播营销公司成立于2020年4月，是一家基于新媒体平台从事直播电商、新媒体整合营销以及电商代运营等综合性电商服务机构。报告期内，直播电商业务是标的公司最主要的业务，直播电商业务又可分为直播营销服务与直播技术服务两大类。

表 9－2　某直播营销公司基本财务指标

单位:万元

项目	2020 年 9 月 30 日
资产总计	16,400.26
负债合计	11,207.77
所有者权益合计	5192.48
项目	2020 年 4 月 15 日至 2020 年 9 月 30 日
营业收入	36,909.17
营业利润	4699.26
利润总额	4698.13
净利润	3993.66
扣除非经常性损益后的净利润	3993.66

(三)重大资产重组方案精要

本次交易分为现金收购和股权协议转让两部分。

1.交易第一部分——现金收购部分

上市公司及控股股东李某胜于 2020 年 11 月与某直播营销公司股东李某、罗某秀、深圳 XY 公司、QS 投资、天津 MW 公司签订了《股权收购协议》,协议约定 I 公司将以支付现金方式购买标的公司合计 40.27% 的股权,其中标的公司股东李某、罗某秀以标的公司 100% 的股权预估值不高于 15 亿元向 I 公司分别转让其持有的标的公司 18.1857%、17.2286% 的股权;深圳 XY 公司、QS 投资、天津 MW 公司以标的公司 100% 的股权预估值不高于 12 亿元向上市公司分别转让其持有的标的公司 1.5%。0.57%、2.7857% 的股权,根据上述预估值,本次现金购买对价暂定不超过 58,948.28 万元。

2. 交易第二部分——协议转让部分

李某将通过协议转让的方式购买I公司股东李某元持有的I公司25,995,250股股票(占I公司目前总股本5%),转让价格为《股份转让协议》签署日前一交易日收盘价的90%(6.55元/股)。

LQ公司将通过协议转让的方式购买上市公司股东李某元所持有的上市公司25,995,250股股票(占I公司目前总股本5%)。转让价格为《股份转让协议》签署日前一交易日收盘价的90%(6.55元/股)。具体事宜,由李某、LQ公司与李某元另行签署《股份转让协议》予以落实。

I公司不排除未来继续收购标的公司剩余股权的可能性,具体情况根据标的公司未来业绩承诺完成情况、市场情况等确定。

3. 本次交易不构成重大资产重组

鉴于某直播营销公司成立于2020年4月,尚无完整会计年度,I公司基于谨慎性考虑,用某直播营销公司截至2020年9月30日财务数据与I公司2020年前三季度财务数据进行比较。

根据某直播营销公司提供的截至2020年9月30日未经审计的收入规模、资产总额、资产净额及拟购买股权的交易对价与I公司相关指标的对比测算,本次交易不构成重大资产重组。

4. 本次交易构成关联交易

本次现金收购交易的交易对方在本次交易之前与I公司无关联关系。本次股权转让交易的股权出让方李某元为I公司第二大股东,本次交易前持有上市公司28%的股份,且与公司控股股东、实际控制人李某胜为兄弟关系,构成I公司关联方;此外,本次股权转让交易完成后,股权受让方李某、LQ公司、孔某平将成为I公司5%以上股东,构成I公司关联方。

综上,根据《上海证券交易所股票上市规则》等相关法律法规的规定,本次交易构成关联交易。

5. 业绩承诺及补偿

(1)业绩承诺方

经《I 公司与李某、罗某秀、LQ 公司、某直播营销公司关于某直播营销公司之盈利预测补偿协议》(以下简称《盈利预测补偿协议》)各方协商,李某、罗某秀作为《股权收购协议》中约定的转让方,同意按照《盈利预测补偿协议》的约定承担盈利预测补偿及减值补偿义务;LQ 公司作为李某、罗某秀与浅石投资共同成立的有限合伙企业,亦同意按照《盈利预测补偿协议》的约定承担部分盈利预测补偿及减值补偿义务。

(2)业绩承诺期及承诺净利润数

业绩承诺方对标的公司的业绩承诺期为 2020 年、2021 年、2022 年和 2023 年。业绩承诺方承诺:标的公司 2020 年、2021 年、2022 年和 2023 年经审计的净利润分别不低于 6000 万元、11,300 万元、15,000 万元、20,000 万元,合计不低于 52,300 万元。

二、案例分析

(一)行权过程

2020 年 11 月 25 日,投服中心公开发声《投服中心呼吁 I 公司充分考量直播营销行业新规对重组定价的影响》。2020 年 12 月 4 日,I 公司发布《关于终止支付现金购买资产并终止股份协议转让事项的公告》。

(二)行权内容分析

2020 年 11 月,I 公司公告拟以自有及自筹资金不超过 5.89 亿元收购某直播营销公司40.27%的股权，某直播营销公司主要从事直播电商业务。本次交易初步作价不高于5.89亿元，某直播营销公司净资产为0.52亿元，溢价率2819.13%，交易完成后I公司合并报表中需确认金额约为5亿元的商誉。业绩承诺方承诺某直播营销公司2020年、2021年、2022年、2023年经审计的净利润分别不低于0.6亿元、1.13亿元、1.5亿元、2亿元，合计不低于5.23亿元，业绩承诺期年复合增长率49.38%。

公告披露，截至公告发布时，中国广告协会、市场监管总局仅以自律规范形式对直播电商行业进行规范。如未来行业出台新的法律法规或者行业监管政策等，加强对直播电商行业的监管，则可能在一定程度上对标的公司的未来经营构成不利影响。2020年11月13日，国家互联网信息办公室发布了《互联网直播营销信息内容服务管理规定(征求意见稿)》(以下简称《管理新规》)，公开向社会征求意见。《管理新规》规定了直播平台必须制定直播营销目录、直播账号分级管理、建立主播跨平台黑名单等制度，并明确规定了不得数据造假，不得用账号、名称、简介等暗示方式误导用户，不得屏蔽消费者的互动等。《管理新规》的出台有助于规范网络直播营销领域出现的各种乱象，促进行业健康有序发展。

投服中心认为，若《管理新规》正式施行，某直播营销公司原定方案中估值的依据将发生较大变化。为此，建议I公司、某直播营销公司和相关资产评估机构在尽职调查、估值定价及确定最终交易对价时能充分考量新规对直播营销行业的影响，重新审视某直播营销公司以前的业务模式，参照《管理新规》梳理哪些业务还能持续、哪些业务将被调整，《管理新规》是否会削减原有业务模式下的收入以及增加运营成本。在此基础上，请各方对原定方案的盈利预测进行审慎调整。此外，本次交易除I公司以不超过5.89亿元现金收购某直播营销公司股权之外,I 公司第二大股东李某元还将通过协议转让方式将所持 15% 的股份转让给某直播营销公司部分原股东及其关联方和自然人孔某平,协议转让价格为 5.1 亿元,且 5.89 亿元现金收购与 5.1 亿元协议转让互为前提条件。投服中心建议公司就协议转让的定价有无影响现金收购某直播营销公司股权的对价向市场充分释疑。

本次交易需提交股东大会审议,投服中心希望公司能在股东大会召开前以公告的形式对上述质询进行详细回复,让投资者充分了解直播营销新规对某直播营销公司未来经营的影响及本次交易对价的确定过程,也呼吁广大中小股东积极参会(现场和网络)行权,理性表决,切实维护公司及自身权益。

(三)行权效果

2020 年 12 月,I 公司发布《关于终止支付现金购买资产并终止股份协议转让事项的公告》,称在本次交易进行中,国家市场监督管理总局发布《关于加强网络直播营销活动监管的指导意见》、国家广播电视总局《关于加强网络秀场直播和电商直播管理的通知》和国家互联网信息办公室发布《管理新规》,从依法备案、营销目录、未成年人保护等多方面对直播营销行业作出规范。若《管理新规》正式施行,对标的公司所在直播行业发现具有较大影响。考虑上述因素,I 公司与标的公司股东对本次交易的估值定价、盈利预测与对赌等核心条款进行了重新研判,经过反复、慎重讨论,最终未能达成一致意见。合作双方经过慎重考虑和友好协商,一致决定终止本次现金收购事宜。

案例10　J公司购买实控人持有的某物流公司100%股权

2020年9月，上市公司J（以下简称J公司）公告了《关于收购某物流公司100%股权暨关联交易的公告》（以下简称《交易方案》），拟以自有资金14.82亿元收购某物流公司（以下简称标的公司）100%的股权。

一、案例简介

（一）上市公司基本情况

J公司成立2002年12月，于2010年5月在深圳证券交易所上市交易。发布《交易方案》时，J公司股价为7.04元/股，总股本为153,228万股，总市值107.87亿元。在本次交易时，XY投资有限公司为J公司的控股股东，李某松为上市公司的实际控制人。

J公司的主营业务为医药中间体、农药中间体、新能源新材料产品的研发、生产和销售。其最近一年一期的财务状况和经营成果如表10－1所示。

表 10－1　J 公司基本财务指标

单位：万元

项目	2020 年 6 月 30 日	2019 年 12 月 31 日
总资产	2, 178, 096. 04	2, 197, 455. 31
总负债	1, 140, 139. 94	1, 171, 372. 35
净资产	1, 037, 956. 10	1, 026, 082. 96
项目	2020 年 1～6 月	2019 年 1～12 月
营业收入	350, 655. 90	932, 817. 85
利润总额	18, 691. 14	47, 656. 76
净利润	13, 147. 45	37, 861. 13

（二）标的公司基本情况

标的公司于 2013 年 4 月成立。BS 投资有限公司与标的公司均受 J 公司实控人李某松实际控制。本次交易前，标的公司股权关系结构如表 10－2 所示。

表 10－2　标的公司股权关系结构

股东	出资比例/%
BS 投资有限公司	100

标的公司是一家综合性现代物流企业，投资建设了物流分拨中心、冷链物流中心、集装箱堆场及新沂保税物流中心（B 型）等项目，总占地约 1674 亩，总建筑规模超过 59 万平方米。其最近一年一期的财务状况和经营成果如表 10－3 所示。

表10－3　标的公司基本财务指标

单位:万元

项目	2020年6月30日	2019年12月31日
总资产	135,293.35	226,265.95
总负债	17,128.53	182,341.08
净资产	118,164.81	43,924.87
项目	2020年1~6月	2019年1~12月
营业收入	171.72	235.94
利润总额	－8063.48	－14,948.26
净利润	－8063.48	－14,948.26

(三)本次交易方案精要

《交易方案》披露,J公司拟以自有资金14.82亿元收购BS投资有限公司持有的标的公司100%的股权。BS投资有限公司为J公司实际控制人李某松先生控制的公司,根据《深圳证券交易所股票上市规则》及相关法律法规的规定,BS投资有限公司为公司关联法人,本次交易构成关联交易。本次交易不构成《上市公司重大资产重组管理办法》规定的重大资产重组,根据《深圳证券交易所股票上市规则》和《公司章程》的相关规定,该事项尚需提交公司股东大会审议。

二、案例分析

(一)行权过程

2020年9月9日,投服中心以公开发声的形式,对J公司如何将现金收购实控人资产与解决资金占用问题协调推进、业绩承诺及补偿安排、交易对手方履行业绩补偿义务的能力、标的公司净资产短期内大幅增长的原因、本次交易前标的公司将全部投资性房地产与固定资产清零的原因,以及对处于停工状态的在建工程评估增值的合理性进行质询,呼吁J公司在临时股东大会召开前以公告的形式对前述疑问进行详细说明,让投资者充分了解标的资产的实际情况及可能面临的风险,也呼吁广大中小股东积极参会(现场和网络)行权,理性表决,切实维护公司及自身利益。

(二)行权内容分析

J公司公告拟以自有资金 14.82 亿元收购 BS 投资有限公司(以下简称交易对手方)持有的标的公司 100% 的股权。交易对手方与标的公司均受J公司实控人李某松实际控制,本次交易构成关联交易。

1. 如何将现金收购实控人资产与解决资金占用问题协调推进

根据陕西证监局对J公司下发的《行政处罚事先告知书》和J公司 2020 年 8 月 28 日回复深圳证券交易所关注函的公告,2015 年至 2018 年J公司控股股东 XY 投资有限公司及J公司实控人非经营性占用公司资金累计达 44.97 亿元,截至 2020 年 6 月 30 日,J公司控股股东及实控人资金占用余额为 16.74 亿元。

控股股东 XY 投资有限公司、实控人李某松承诺将于 2020 年 9 月 17 日前解决资金占用问题,而J公司将于 2020 年 9 月 14 日召开临时股东大会审议以现金 14.82 亿元收购标的公司 100% 的股权的交易方案。请J公司说明截至质询时控股股东 XY 投资有限公司、实控人李某松解决资金占用问题的进展情况,并说明李某松是否计划用J公司支付给 BS 投资有限公司的现金部分抵偿占用J公司的资金。若是,为避免出现J公司现金流出后无法收回的情况,投服中心建议实控人李某松直接以标的公司 100% 的股权抵偿相应金额的占用资金,而不必发生现金流转。若否,投服中心希望J公司在现金收购实控人资产前,首先让广大投资者看到控股股东、实控人解决资金占用问题的努力和决心。

2. 业绩承诺及补偿安排不明

交易对手方承诺标的公司2021年至2023年累计经审计的净利润不低于5.5亿元,若标的公司未能实现业绩目标,则以现金方式补偿J公司。但交易方案中未披露业绩承诺指标是否需要扣除非经常性损益,亦未披露相应的补偿安排(包括补偿金额的计算公式、补偿时间等),请J公司对此进行详细说明。

3. 交易对手方履行业绩补偿义务的能力存疑

交易对手方为J公司实控人李某松控制的企业,其2019年、2020年上半年的营业收入均为0,净利润分别为2692.34元、-61.85元。结合交易对手方的经营状况以及2020年以来李某松质押的股票多次被强行平仓的情况,投服中心对交易对手方履行业绩补偿义务的能力存在疑问。请说明在上述情况下J公司将如何保障自身权益不受损害,J公司是否可以考虑采取附业绩条件的分期付款方式支付收购款。

4. 标的公司净资产短期内大幅增长的原因

标的公司的净资产由2019年年末的4.39亿元大幅增长至2020年6月30日的11.82亿元。由于本次交易方案较简单,且J公司未披露标的公司的审计报告,标的公司在2020年上半年亏损8063.48万元的情况下净资产却在短期内大幅增长的原因不明晰。请J公司对此进行详细说明,并在召开临时股东大会前披露标的公司的审计报告,供投资者进行分析判断。

5. 本次交易前标的公司将全部投资性房地产与固定资产清零的原因

《交易方案》披露,标的公司是一家综合性现代物流企业,投资建设了物流分拨中心、冷链物流中心、集装箱堆场及新沂保税物流中心(B型)等项目,其主要经营资产已于2019年下半年开始陆续投产运营,预计2021年实现盈利。而截至2020年6月30日,标的公司的投资性房地产由2019年年末的8.29亿元降至0,固定资产由2019年年末的742.64万元降至0。请J公司说明标的公司在本次交易前清零全部投资性房地产与固定资产的原因,被清零的投资性房地产与固定资产是否为交易方案中披露的已于2019年下半年开始陆续投产运营的物流项目。此外,请J公司说明标的公司现阶段是否有正在运营的物流项目,清零前述投资性房地产与固定资产是否将显著影响标的公司的盈利能力,进而影响标的公司业绩承诺的实现。

6.对处于停工状态的在建工程评估增值的合理性

本次交易评估采用资产基础法评估,截至评估基准日即2020年6月30日,标的公司净资产的账面价值为11.82亿元,评估价值为14.34亿元,评估增值2.53亿元,增值率为21.38%,上述评估增值主要来自在建工程的评估增值(在建工程评估增值2.25亿元)。评估报告披露:“截至评估基准日,由于被评估单位资金短缺,委估范围内的在建工程均处于停工状态,本次评估未考虑上述在建工程停工事项可能对评估结论造成的影响。”请J公司说明标的公司在建工程的开工时间、停工时间、工程进度以及预计完工时间。此外,请评估机构说明评估时不考虑标的公司在建工程停工状态的理由,以及对处于停工状态下的在建工程评估增值的合理性。若上述在建工程被收购后没有得到持续的资金投入,则无法达到完工状态并为公司带来效益,请结合上述情况,说明对需要持续投入才能完工的在建工程评估增值的合理性。

(三)行权效果

2020年9月,J公司向投服中心回函,认真回复了投服中心的质询。此后,

J 公司在《关于深圳证券交易所关注函的回复公告》中公告了投服中心质询的问题及相应回复。

不久,J 公司召开临时股东大会审议通过了此次资产收购的议案。随后,J 公司发布《关于控股股东及其关联方全部归还非经营性占用资金的公告》,表示截至公告发布日,J 公司累计已收到控股股东及其关联方现金归还的 44.97 亿元非经营性占用资金,至此,J 公司控股股东及其关联方已通过现金的方式全部归还非经营性占用资金。

案例11　关注K公司商誉减值呼吁上市公司积极释疑

2019年12月，K公司发布了《关于公司业务经营行业环境趋势影响相关的提示性公告》，拟计提商誉减值约10亿元至13亿元，其中对2015年收购的某网络游戏公司（以下简称标的公司）所形成的商誉计提商誉减值约8亿元至10亿元。

一、案例简介

（一）上市公司基本情况

K公司成立于1993年，于2010年8月在深圳证券交易所中小板上市交易。K公司自2015年收购标的公司100%股权后转型为一家网络游戏电子商务平台企业，主要为正版授权/注册码及游戏虚拟物品提供相关交易服务，其最近三年的财务状况和经营成果如表11－1所示。

表11－1　K公司基本财务指标

单位:万元

项目	2020年12月31日	2019年12月31日	2018年12月31日
总资产	154,719.29	191,925.92	317,180.68
总负债	195,021.17	179,346.88	169,838.42
股东权益	－40,301.88	12,579.03	147,342.26
项目	2020年	2019年	2018年
营业收入	26,530.53	46,185.20	79,161.78
利润总额	－31,812.00	－135,439.60	10,720.12
净利润	－31,823.65	－134,843.06	10,692.79

(二)标的公司基本情况

2015年8月,公司通过现金支付、资产出售等方式以21.84亿元收购标的公司100%的股权。标的公司主要从事正版授权/注册码及游戏虚拟物品电子商务中介平台业务,交易的商品主要为正版授权/注册码及游戏虚拟物品,其客户主要在德国等欧洲国家。

表11－2　标的公司业绩承诺实现情况

项目	2017年	2016年	2015年	合计
承诺业绩/欧元	56,437,195	39,466,570	27,599,000	123,502,765
实际业绩/欧元	33,123,768.03	34,435,572.87	27,538,535.5	95,097,876.4
完成率/%	58.69	87.25	99.78	77

(三)商誉减值情况

标的公司2015年至2017年连续三年未实现业绩承诺,公司对标的公司未实现业绩承诺冲减商誉及计提商誉减值合计仅约4.054亿元,直至2019年拟计提 8 亿元至 10 亿元。

二、案例分析

(一)行权过程

2020 年 1 月,投服中心通过公开发声方式,向 K 公司提出三方面问题:一是公司披露的计提商誉减值的原因与实际情况不符;二是大额商誉减值主要系收购时高估值、高业绩承诺所致,质询评估机构在评估时是否对标的公司提供的盈利预测数据进行了审慎分析及判断;三是公司对标的公司历年计提的商誉减值是否充足。公司以公告回复的方式,详细对投服中心的问题进行了解答和说明。

(二)行权内容分析

1. 公司披露的计提商誉减值的原因与实际情况不符

《关于公司业务经营行业环境趋势影响相关的提示性公告》披露,公司拟对标的公司计提商誉减值的原因之一,是 2019 年上半年以来受标的公司所处游戏虚拟物品电商行业格局变化加剧影响,标的公司盈利情况明显下降。标的公司注册地为我国香港特别行政区,主要从事正版授权/注册码及游戏虚拟物品电子商务中介平台业务,主要业务市场在德国,主要游戏玩家来自德国为主的欧洲地区,德国游戏行业发展情况对标的公司业务有着直接影响。而依据德国游戏产业联合协会 2019 年 10 月 31 日发布的《2019 年德国游戏产业报告》,2018 年德国游戏行业保持持续增长态势,市场收入约 44 亿欧元,较 2017 年增长 9%,其中,2018 年游戏内购买额从 2017 年的 15.21 亿欧元增加至 19.49 亿欧元,增长 28.14%,程序及程序内购买额增长 31%,虚拟物品及附加服务内容为德国游戏行业增长的主要动因之一;2019年1~6月,德国游戏及游戏设备行业营业收入较2018年同期增长11%,由25亿欧元增长至28亿欧元,其中游戏内购买额由2018年同期的8.66亿欧元增加至11.05亿欧元,增长27.60%。从前述数据看,2019年上半年德国游戏行业仍保持稳定增长,整体游戏行业并未出现大幅下滑迹象,与公司披露的全球游戏娱乐和移动互联网行业发生剧烈变局不相符。

公司在公告中解释标的公司业绩下滑的另一原因是欧盟主要国家自2019年以来对游戏、数字产品、互联网电商等企业加强了增值税稽查和征收力度,给标的公司所在行业带来巨大税费成本压力。然而,2019年2月欧盟新公布的《电子商务增值税改革实施条例》将于2021年1月起生效,关于非欧盟地区向欧盟提供远程销售活动的相关税改政策将于2021年起执行;另外,标的公司主要客户所在国家德国并未开始征收数字税(目前欧盟仅法国及意大利实施征收数字税);依据《2019年德国游戏产业报告》,德国政府2019年在联邦预算中投资5000万欧元用于支持该国电脑游戏产业,且德国政府大幅降低公司税率,以吸引更多投资者投资游戏产业。因此,德国游戏行业的相关政策仍鼓励该国游戏产业的大力发展,尚未征收或实施的数字税、电子商务增值税无法对2019年标的公司所处行业产生重大不利影响,该点与公司解释的情况也不符。

2. 大额商誉减值主要系收购时高估值、高业绩承诺所致,评估机构在评估时是否对标的公司提供的盈利预测数据进行了审慎分析及判断

2015年K公司收购标的公司的交易属于典型的轻资产收购项目,“三高”现象突出。依据重组报告书,标的公司估值增值率为3463.02%,业绩承诺人对标的公司2015年至2017年作出的业绩承诺复合增长率高达43%。K公司2015年年报披露,收购标的公司形成商誉20.227亿元,占K公司当年总资产

的 89%。而标的公司连续三年均未实现业绩承诺,K 公司在《关于标的公司 2017 年度业绩承诺完成情况的公告》中承认三年业绩承诺设定高于通常水平,异于增长率逐年递减的市场交易惯例。可以看出,本次计提大额商誉减值的根源仍在于"三高"收购所致。

依据北京中企华资产评估有限责任公司出具的评估报告及重组报告书,经评估机构综合分析、判断所得的标的公司 2016 年至 2018 年营业收入预测值分别为 11.92 亿元、16.56 亿元、18.10 亿元,净利润预测值分别为 2.58 亿元、3.63 亿元、3.71 亿元(以交易时汇率计算成人民币),折现率为 15.76%,而标的公司实际 2016 年至 2018 年实现的营业收入分别为 3.58 亿元、3.48 亿元、4.27 亿元,净利润为 2.53 亿元、2.53 亿元、2.75 亿元,与预测值存在重大差异,特别是三年实现的营业收入仅占预测值合计的 24.32%。

依据《会计监管风险提示第 7 号——轻资产类公司收益法评估》,评估师应结合被评估单位的内外部环境、发展前景、行业竞争状况和所在行业发展规律等相关因素,对企业提供的盈利预测进行分析、判断和调整,并应将企业的经营规划放在行业发展中进行量化对比,以判断收入预测是否合理。投服中心通过公开信息搜索发现,Newzoo 发布的 2016 年至 2018 年全球游戏市场报告显示,德国游戏行业在 2016 年至 2018 年游戏市场收入分别为 40.19 亿美元、43.78 亿美元及 47 亿美元,年复合增长率仅为 8.14%(标的公司实际 2016 年至 2018 年实现的营业收入复合增长率约为 9.2%),但评估机构就盈利预测数据综合分析后得出的 2016 年至 2018 年营业收入预测值的复合增长率为 23.23%,远高于行业整体发展水平。请评估机构说明在对标的公司提供的盈利预测数据进行分析、判断时,是否将预测数据与行业整体发展水平进行了客观比对;评估机构是否结合了标的公司所在行业发展状况、所在国家宏观经济、标的公司所属游戏产业链的生命周期、未来业绩增长的可持续性、可能面临的行业风险等内容进行了审慎评估。

3. 公司对标的公司历年计提的商誉减值是否充足

2019年10月，K公司在对深交所2019年半年报问询函的回复公告中提及标的公司仍占据着欧洲地区的行业领先地位，基于标的公司在业务资产所处游戏虚拟物品电商行业大趋势以及业务模式不发生异常变动的前提下，不存在大额商誉减值计提的情形。但短短两个月后，K公司即拟对标的公司大额计提商誉减值，前后两次披露内容存在矛盾。依据《会计监管风险提示第8号——商誉减值》，当相关资产现金流或经营利润持续恶化或明显低于形成商誉时的预期，特别是被收购方未实现承诺业绩的，应认定出现特定减值迹象，而标的公司2015年至2017年连续三年未实现业绩承诺期间，K公司对标的公司未实现业绩承诺冲减商誉及计提商誉减值合计仅约4.054亿元，直至2019年拟计提8亿元至10亿元。请K公司说明历年对标的公司计提减值是否充分、准确；建议公司补充披露2015年至2018年对标的公司出具的减值测试报告，并说明连续三年未完成业绩承诺但未大额计提减值准备的理由。

案例12　L公司发行股份及支付现金购买某白酒公司

2020年10月,L公司公告了《发行股份及支付现金购买资产并募集配套资金暨关联交易的预案》(以下简称《预案》),拟以发行A股普通股及支付现金相结合的方式购买某白酒公司100%的股权。

一、案例简介

(一)上市公司基本情况

L公司成立于1994年,于1996年10月在上海证券交易所主板上市交易。发布《预案》时,L公司收盘股价为7.95元/股,总股本为224,226,822股,总市值17.83亿元。公司控股股东徐某东所持股份数占公司总股本的28.83%,为L公司的实际控制人。

L公司主要从事金矿托管业务、煤炭和钢材等商品贸易业务、房产租赁业务。L公司最近三年及一期的财务状况和经营成果如表12-1所示。

表12－1　L公司基本财务指标

单位:万元

项目	2020年6月30日	2019年12月31日	2018年12月31日	2017年12月31日
总资产	15,531.36	15,196.68	15,900.52	16,186.72
总负债	9453.44	9070.04	10,753.40	10,628.18
股东权益	6077.92	6126.64	5147.12	5558.54
项目	2020年1～6月	2019年	2018年	2017年
营业收入	722.28	2681.66	1207.90	1110.38
利润总额	－49.90	1087.85	－213.51	328.62
净利润	－48.72	1003.49	－234.94	263.77

(二)标的公司基本情况

本次重组交易中,出售某白酒公司100%的股权的交易对方为刘某和刘某跃。某白酒公司于2011年成立,截至预案披露日,股权结构如表12－2所示。

表12－2　某白酒公司股权结构

序号	股东名称	出资额/万股	持股比例/%
1	刘某	14,328.00	99.50
2	刘某跃	72.00	0.50
合计		14,400.00	100

某白酒公司产"SJ"系列酱香型白酒。公司产品主要定位于中高端酱香型白酒,形成了以"SJ"系列为主的原浆酒、成品酒、坛装酒、定制酒四大类产品线布局。某白酒公司最近两年及一期主要财务数据(未经审计)如表12－3所示。

表 12-3 某白酒公司主要财务数据

单位:万元

项目	2020 年 8 月 31 日	2019 年 12 月 31 日	2018 年 12 月 31 日
总资产	32,400.41	30,219.81	25,425.96
总负债	12,152.29	10,986.49	7002.67
股东权益	20,248.12	19,233.32	18,423.29
项目	2020 年 1~8 月	2019 年	2018 年
营业收入	3394.94	2833.12	81.09
利润总额	1367.31	1047.58	-274.67
净利润	1014.80	810.03	-279.48

(三)支付现金购买资产暨关联交易方案精要

L 公司拟以发行股份及支付现金方式,收购某白酒公司 100% 的股权,本次交易预计构成重大资产重组。

1. 估值及交易作价

由于标的资产相关审计、评估及尽职调查工作正在推进中,本次交易中标的资产的估值暂未确定。标的资产的最终交易价格尚未确定。

2. 支付方式

L 公司拟以发行 A 股普通股及支付现金相结合的方式购买,其中拟通过发行股份的方式支付本次交易对价的比例不低于 60%,剩余部分通过现金支付。

3. 业绩承诺及业绩奖励

截至《预案》签署日,标的资产的审计和评估工作尚未完成,因此本次交易暂未签订明确的业绩承诺与补偿协议。L公司与业绩承诺方将在审计和资产评估工作完成后补充签订业绩承诺与补偿协议，届时将对业绩承诺金额、补偿安排等进行明确。

二、案例分析

（一）行权过程及结果

2020年10月，投服中心通过发送股东质询建议函，就某白酒公司2019年度业绩呈现与行业增速不匹配的爆发式增长的问题提出质询，希望L公司能就标的公司2019年度营业收入和利润呈现爆发式增长的原因及这种增长态势的可持续性作出说明。2020年11月，公司发布了终止本次重大资产重组的公告。不久，L公司通过来电方式向我们解释了本次终止重组的考虑，并在同日上午10时至11时通过上证"e互动"平台召开了关于终止重大资产重组的投资者说明会。

（二）行权内容分析

根据《预案》披露的标的公司财务数据，某白酒公司2019年度营业收入同比增长3393.80%，利润总额同比增长481.40%，净利润同比增长389.83%。而国家统计局数据显示，2019年全国规模以上白酒企业实现销售收入同比增长8.24%，实现利润总额同比增长14.54%。另根据部分同行业上市公司2019年年报披露的数据，金徽酒、伊力特、迎驾贡酒、老白干酒2019年营业收入分别同比增长11.76%、8.36%、8.26%、12.47%；归属上市公司股东净利润分别同比增长4.64%、4.43%、19.49%、15.38%，均与行业增速基本匹配，而某白酒公司2019年度业绩则呈现与行业增速不匹配的爆发式增长。

鉴于本次交易标的公司审计、评估工作尚未完成，而最近两年一期的业绩情况是标的公司评估作价的基础，请公司结合标的公司具体经营数据的变动和销售模式等情况详细说明标的公司2019年度营业收入和利润呈现爆发式增长的原因及这种增长态势的可持续性。

案例13　M公司100万元出售失控子公司某互联网营销公司

2020年8月,M大数据股份有限公司(以下简称M公司)发布《关于子公司出售北京某互联网营销公司信息技术有限责任公司55%股权的公告》,拟通过子公司上海YC投资管理有限公司(以下简称上海YC公司)与广东省CT资产管理股份有限公司(以下简称广东CT公司)签署《股权转让协议》,上海YC公司以100万元的价格向广东CT公司转让北京某互联网营销公司信息技术有限责任公司(以下简称某互联网营销公司)55%的股权。本次股权转让不构成关联交易,亦不构成中国证监会规定的重大资产重组,尚需提交股东大会审议。

一、案 例 简 介

(一)上市公司基本情况

M公司成立于1993年,于2000年12月在上海证券交易所主板上市交易。发布《关于子公司出售北京某互联网营销公司信息技术有限责任公司55%股权的公告》时,M公司股价为2.87元/股,总股本为456,665,122.00股,总市值

12.51亿元,在本次交易前,上海某投资(集团)有限责任公司为公司控股股东。

M公司属于软件和服务行业,主要为国内外数字化营销、为企业提供客户忠诚度营销与管理综合服务、大数据产业园区服务。其最近三年的财务状况和经营成果如表13-1所示。

表13-1　M公司基本财务指标

单位:万元

项目	2019年12月31日	2018年12月31日	2017年12月31日
总资产	166,123.64	373,049.15	308,675.23
总负债	109,589.41	145,122.78	110,639.57
股东权益	56,534.23	227,926.37	198,035.66
项目	2019年	2018年	2017年
营业收入	227,104.81	301,842.00	213,504.31
利润总额	-157,383.55	16,021.73	13,703.67
净利润	-157,071.99	14,212.55	11,857.33

(二)标的公司基本情况

某互联网营销公司成立于2012年,主要为保险、银行、电信、航空等大型机构提供客户忠诚度管理服务。基于企业存量用户,通过电子凭证权益回报、会员体系、积分工具等方式提升用户产品复购率、转化率及活跃度。主要业务分为四类:O2O兑换服务、O2O积分管理、O2O营销运营、O2O平台销售。

截至2018年12月31日,某互联网营销公司总资产350,286,454.89元,净资产283,330,354.77元,2018年度营业收入982,018,852.95万元,净利润82,196,284.91元。截至2019年9月30日某互联网营销公司总资产358,073,822.01元,净资产314,051,999.92元,净利润30,721,645.15元。

(三)交易背景概述

1. 某互联网营销公司系M公司高价收购而来

2018年1月,M公司发布《关于收购北京某互联网营销公司信息技术股份有限公司55%股权的公告》称,全资子公司上海YC公司以现金方式购买27名自然人股东和法人股东合计持有的某互联网营销公司55%的股权,转让对价为人民币63,800.00万元。本次交易完成后,某互联网营销公司成为M公司的控股子公司。

本次交易设业绩承诺,期限3年,承担业绩承诺的转让方为YM和JY。业绩承诺方承诺2018年、2019年和2020年某互联网营销公司归属于母公司股东的净利润分别不低于8000万元、10,500万元和13,620万元。若实际利润低于承诺净利润,业绩承诺方需对上海YC公司进行现金补偿。

2. 对某互联网营销公司失去控制

因某互联网营销公司预审计工作无法正常进行、董事及财务总监无法派驻,公司向某互联网营销公司发出函件,亦未取得对方回复,M公司确认从2019年10月起失去对某互联网营销公司的控制。

3. 交易主要内容

(1)股权转让及交易对价约定

因M公司已失去对某互联网营销公司的控制,某互联网营销公司总经理博某身在国外,某互联网营销公司不配合上市公司进项审计及相关评估工作,审计报告及评估报告无法出具。根据某互联网营销公司失控现状,经交易双方协商确定上海YC公司转让某互联网营销公司55%的股权的交易对价为100万元。上海YC公司保留依据与业绩承诺方签订的《业绩承诺及补偿协议》所约定的相关权利(包括追索业务补偿款等权利),除此之外的其他股东权益将随本次股权一并转让给广东CT公司。

(2)过渡期及收益分配的约定

无论广东CT公司登记为某互联网营销公司股东与否,上海YC公司均保留对某互联网营销公司收益的分配权利,双方明确:原则上收益分配比例方面,上海YC公司享有某互联网营销公司55%的股权份额对应的60%股东权益,广东CT公司享有某互联网营销公司55%的股权份额对应的40%股东权益,上述分配将视广东CT公司作为大股东接管目标公司后,双方根据目标公司实际经营情况据实分配。广东CT公司顺利接管某互联网营销公司,并登记为某互联网营销公司股东后,双方可在约定的分配比例原则下就某互联网营销公司后续经营另行协商。

二、案例分析

(一)行权过程

2020年9月,投服中心向M公司发送《股东建议函》,希望M公司就本次出售定价的合理性及询价方式在临时股东大会召开前向投资者充分释疑,便于投资者理性决策。

(二)行权内容分析

M公司公告全资子公司上海YC公司拟以100万元出售某互联网营销公司55%的股权,而该部分股权系上海YC公司于2018年1月以6.38亿元高价收购而来。M公司将于2020年9月召开临时股东大会审议本次出售的议案。投服中心对本次出售高度关注,就本次出售定价的合理性及询价方式存在疑问,希望M公司在临时股东大会召开前向投资者充分释疑,便于投资者理性决策。

公告披露,公司自 2019 年 10 月起逐步失去对某互联网营销公司的控制,鉴于失控现状,上海 YC 公司以 100 万元向广东 CT 公司出售某互联网营销公司 55% 的股权。除此之外,本次出售公司还保留三个附带条件:一是上海 YC 公司保留对业绩承诺方追索业绩补偿款的权利;二是上海 YC 公司保留对某互联网营销公司收益的分配权,和广东 CT 公司按照 60%、40% 的比例分配对某互联网营销公司的股权收益;三是广东 CT 公司顺利接管某互联网营销公司后,双方在约定的分配比例原则下对某互联网营销公司的后续经营另行协商。某互联网营销公司 2019 年 12 月 31 日的净资产为 3.14 亿元,2018 年、2019 年 1 至 9 月的净利润分别为 8219.63 万元和 3072.16 万元,仍在持续盈利中。本次 100 万元的售价远低于买价、也远低于净资产,交易对方的遴选和定价合理性饱受市场质疑。

经查询公开信息,A 股市场上不少 M 公司通过产权交易机构公开挂牌转让子公司股权,例如,莱美药业(300006.SZ)通过重庆联合产权交易所集团公开挂牌转让湖南康源、莱美健康等 5 家子公司的股权,*ST 永林(000663.SZ)通过产权交易机构公开挂牌转让全资子公司永惠林业 100% 的股权,普邦股份(002663.SZ)通过南方联合产权交易中心公开挂牌转让子公司博睿赛思 100% 股权。可见,M 公司通过产权交易机构公开挂牌转让子公司股权已是行业惯例。M 公司须说明为何不考虑通过产权交易机构公开挂牌转让,公开询价同样可以列明转让附加条件。请 M 公司在临时股东大会召开前以公告的形式向投资者充分释疑,便于投资者理性决策。

(三)行权效果

M 公司原定于 2020 年 9 月某日召开公司 2020 年第三次临时股东大会审

议《关于出售北京某互联网营销公司信息技术有限责任公司 55% 股权的议案》。会前 4 天,M 公司发布《关于取消 2020 年第三次临时股东大会的公告》,决定取消本次股东大会,不再提交 2020 年第三次临时股东大会审议。

案例 14　N 公司发行股份及支付现金购买某新能源汽车公司

2020 年 7 月，N 公司公告了《发行股份及支付现金购买资产并募集配套资金暨关联交易预案》（以下简称《交易预案》），拟通过发行股份及支付现金的方式购买某新能源汽车公司 100% 的股份。

一、案 例 简 介

（一）上市公司基本情况

N 公司成立于 2001 年，于 2017 年 5 月在上海证券交易所主板上市交易。发布《交易预案》时，N 公司股价为 7.05 元/股，总股本为 292,517,400 股，总市值 20.62 亿元。在本次交易前，公司控股股东为金某荣、常某建、杨某农，持股比例分别为 16.52%、6.94%、6.30%。2020 年 7 月，金某荣、常某建、杨某农、奚某、丁某与 HT 投资有限公司（以下简称 HT 投资）签署了《金某荣、奚某、丁某、常某建、杨某农与 HT 投资有限公司关于 N 公司之股份转让协议》，5 人拟向 HT 投资转让所持 N 公司合计 16,171,544 股股份（占 N 公司已发行股份的 5.53%），奚某、丁某分别与 HT 投资签署《表决权委托协议》，将 21.43% 的股份表决权委托给 HT 投资,N 公司控股股东金某荣、常某建、杨某农签署《放弃表决权的承诺函》,放弃 11.61% 表决权。若上述事项顺利完成,HT 投资将持有 N 公司 5.53% 的股权并合计拥有 26.95% 的表决权,成为 N 公司的控股股东,王某江、李某祥将成为 N 公司的实际控制人。

N 公司主要从事电梯门系统、电梯一体化控制系统、电梯轿厢及门系统配套部件的研发、生产与销售。其最近三年一期的财务状况和经营成果如表 14-1 所示。

表 14-1　N 公司基本财务指标

单位:万元

项目	2020 年 3 月 31 日	2019 年 12 月 31 日	2018 年 12 月 31 日	2017 年 12 月 31 日
总资产	97,799.16	99,843.45	93,482.49	88,551.07
总负债	8405.98	11,132.41	9928.19	8618.37
股东权益	89,393.18	88,711.03	83,554.30	79,932.70
项目	2020 年 1~3 月	2019 年	2018 年	2017 年
营业收入	4228.94	37,173.83	31,447.09	27,920.35
利润总额	629.83	10,141.53	8668.66	8352.21
净利润	597.77	8639.50	7400.82	7118.64

(二)标的公司基本情况

本次交易拟购买的资产为某新能源汽车公司 100% 的股权,交易对方为聂某、戴某强、蔡某萍等 3 名自然人及 YY 创投、QYRX 创投、QYYC 创投、JY 科技、ZQ 科技、YM 租赁等 6 名有限合伙企业。

某新能源汽车公司设立于 2014 年 10 月,聂某、YY 创投、QYRX 创投、QYYC 创投、JY 科技、戴某强、ZQ 科技、蔡某萍、YM 租赁分别持有其 55.60%、

19.19%、17.06%、2.60%、1.65%、1.56%、1.23%、0.69%、0.41%的股份。聂某持有某新能源汽车公司55.60%的股权，为某新能源汽车公司的控股股东、实际控制人。

某新能源汽车公司主要从事换电型新能源汽车零部件、换电网络核心设备的研发、设计与销售业务，为相关产业链组成单位提供换电网络相关的技术服务支持，同时参与整车厂商部分车型的合作研发与销售。某新能源汽车公司的主要产品为换电系统总成、电机、电控等汽车零部件，以及智能充换电控制系统等换电网络核心设备，用于换电式纯电动汽车生产和换电站运营。其最近两年一期的主要财务状况如表14－2所示。

表14－2　某新能源汽车公司主要财务数据

单位：万元

项目	2020年3月31日	2019年12月31日	2018年12月31日
总资产	48,516.96	52,399.38	56,808.07
总负债	18,294.95	21,608.30	31,719.14
股东权益	30,222.01	30,791.08	25,088.93
项目	2020年1～3月	2019年	2018年
营业收入	113.65	26,445.55	18,436.24
营业利润	－992.61	5009.51	1745.04
净利润	－869.11	4376.30	1432.50

（三）重大资产重组方案精要

1.发行股份及支付现金购买资产

N公司拟通过发行股份及支付现金的方式购买某新能源汽车公司100%的股份。本次交易对价采取发行股份及支付现金相结合的方式，具体比例将由交易双方在正式协议中予以协商确定,并将在重组报告书中予以披露。此外,N 公司拟向 HC 投资非公开发行股份募集配套资金,募集配套资金总额不超过本次交易中 N 公司以发行股份方式购买资产的交易价格的 100% ,且发行股份数量不超过 N 公司本次交易前总股本的 30% ,即不超过 87, 755, 220 股。

2. 业绩承诺与补偿协议

截至《交易预案》签署日,标的资产的审计和评估工作尚未完成,因此本次交易暂未签订明确的业绩承诺与补偿协议。N 公司与业绩承诺方将在审计和资产评估工作完成后补充签订业绩承诺与补偿协议,届时将对业绩承诺金额、补偿安排等进行明确。

3. 交易完成后 N 公司股权结构

本次重大资产重组完成后,交易对方预计不会成为 N 公司控股股东,不会因本次重大资产重组而导致 N 公司实际控制人变化。由于本次交易涉及的审计和评估工作尚未完成,最终的交易价格及发行股份数量尚未确定,因此,本次重组完成前后 N 公司的股权结构变化情况暂时无法准确计算。

二、案 例 分 析

(一)行权过程

2020 年 7 月,投服中心向 N 公司发送股东建议函,建议公司及评估机构结合标的公司所在行业发展情况、历史经营业绩等对某新能源汽车公司给予合理评估。2021 年 1 月 16 日,N 公司公告:2020 年上半年受新冠肺炎疫情影响,国内汽车产业供应链复工进展受限,导致标的公司各项计划有所延期,业绩受到较大影响;另外,标的公司原重要客户之一因自身业务经营与财务状况出现较严重的问题,直接导致标的公司报告期内应收账款无法收回,产生大额坏账损失,给标的公司业绩和现金流造成较大影响。经公司与重组相关方审慎研究与磋商后,决定终止本次重大资产重组事项。

(二)行权内容分析

某新能源汽车公司网站显示,标的公司是一家专注于"换电技术体系"的企业,构建了"车电分离、分箱换电"技术体系及商业生态。中国电动汽车充电基础设施促进联盟数据显示,截至2020年6月,全国新能源汽车换电站保有量为452座,且主要集中于新能源汽车普及率较高的沿海地区。可见,新能源汽车换电行业还处于探索发展阶段,并未在全国范围铺开。《交易预案》显示,标的公司2018年、2019年及2020年第一季度的营业收入分别为18,436.24万元、26,445.55万元、113.65万元,净利润分别为1432.50万元、4376.30万元、-869.11万元。其经营业绩波动较大,未来的持续盈利能力存在不确定性。

此外,2020年5月,浙江德宏汽车电子电器股份有限公司(以下简称德宏股份)曾拟收购此新能源汽车公司100%的股权,但于当月底便终止了收购。根据德宏股份公告内容,终止收购的原因为:德宏股份委托评估机构对此新能源汽车公司进行初步评估后,交易双方对标的资产估值认可情况产生了较大差异,继而产生是否采用分步收购等具体方案上的分歧。

据此,建议公司及评估机构结合标的公司所在行业发展情况、历史经营业绩等对标的公司给予合理评估。同时,建议公司结合德宏股份收购此新能源汽车公司事项,审慎设计相关交易方案。

案例15　O公司发行股份及支付现金购买某教育信息化公司

2020年5月,O公司公告了《发行股份及支付现金购买资产并募集配套资金预案》(以下简称《交易预案》),拟通过发行股份及支付现金的方式购买某教育信息化公司100%的股份。

一、案例简介

(一)上市公司基本情况

O公司成立于2000年,于2009年10月在深圳证券交易所创业板上市交易。发布《交易预案》时,O公司股价为7.79元/股,总股本为2,434,015,604股,总市值189.61亿元。在本次交易前,O公司不存在单一股东控制董事会或股东大会的情形,没有单一股东能够对公司决策构成实质性影响,公司不存在控股股东、实际控制人。

O公司主营业务为在全球范围提供内容分发网络(Content Delivery Network,CDN)、互联网数据中心(Internet Data Center,IDC)、云安全等服务。其最近三年的财务状况和经营成果如表15-1所示。

表15－1　O公司基本财务指标

单位:万元

项目	2019年12月31日	2018年12月31日	2017年12月31日
总资产	1,033,094.87	1,194,012.46	1,026,271.87
总负债	169,920.11	325,675.25	228,997.69
股东权益	863,174.76	868,337.20	797,274.17
项目	2019年	2018年	2017年
营业收入	600,749.78	633,746.06	537,267.11
利润总额	2166.52	84,821.36	85,023.81
净利润	3723.99	79,747.28	81,679.23

(二)标的公司基本情况

本次交易拟购买的资产为某教育信息化公司100%的股权,交易对方为ZEX投资、SN创投、ZQKD创投。

某教育信息化公司设立于2008年3月,ZEX投资、SN创投、ZQKD创投分别持有其76.19%、19.05%、4.76%的股份。ZEX投资为标的公司的控股股东。李某勤女士系ZEX投资的执行事务合伙人,且持有ZEX投资97.64%的财产份额,对ZEX投资实施控制。因此,李某勤女士为标的公司的实际控制人。

某教育信息化公司是一家聚焦教育信息化2.0,面向智慧课堂,服务课程教学的教育信息化整体解决方案服务商,主要产品及服务面向K12教育阶段的教育主管部门、学校及学生家长。其最近两年一期的主要财务状况如表15－2所示。

表 15 – 2　某教育信息化公司主要财务数据

单位:万元

项目	2020 年 3 月 31 日	2019 年 12 月 31 日	2018 年 12 月 31 日
总资产	6582.28	7420.31	5100.28
总负债	6088.02	6842.01	5467.49
股东权益	494.26	578.29	–367.22
项目	2020 年 1 ~ 3 月	2019 年	2018 年
营业收入	1009.38	15,769.27	7167.34
净利润	–69.18	636.66	–323.02
归属于母公司所有者的净利润	–43.56	467.22	–292.58

(三)重大资产重组方案精要

1. 发行股份及支付现金购买资产

O 公司拟通过发行股份及支付现金的方式购买某教育信息化公司 100% 的股份。经交易各方协商,本次交易作价暂定 80,000 万元,其中,以股份方式支付本次交易作价的 60%,以现金方式支付本次交易作价的 40%。本次交易完成后,某教育信息化公司将成为 O 公司的全资子公司。按照本次发行股份购买资产价格 7.33 元/股计算,本次 O 公司拟向交易对方合计发行股份 6548.43 万股,其中向 ZEX 投资发行 4989.28 万股、向 SN 创投发行 1247.32 万股、向 ZQKD 创投发行 311.83 万股。现金对价方面,分别向 ZEX 投资、SN 创投、ZQKD 创投支付现金对价 24,380.95 万元、6095.24 万元、1523.81 万元。本次交易各方同意,待资产评估报告出具后,由交易各方根据评估情况,另行签订补充协议以确定最终交易价格。

此外,O 公司拟向不超过 35 名(含 35 名)符合条件的特定投资者以非公开发行股票的形式募集配套资金。本次拟募集配套资金的总额不超过 48,000 万元,不超过发行股份购买资产交易价格的 100%,且发行股份数量不超过本次交易前 O 公司总股本的 30%。

2. 业绩承诺与补偿协议

本次交易的业绩承诺期为标的资产完成交割的当个会计年度及之后连续两个会计年度,若标的资产在 2020 年 12 月 31 日前(含当日)完成交割,则业绩承诺期为 2020 年、2021 年及 2022 年。若标的资产未能于前述日期前完成交割,则业绩承诺期相应顺延。ZEX 投资承诺标的公司于业绩承诺期内各会计年度实现的净利润(以合并报表中扣除非经常性损益后归属于母公司股东的净利润为计算依据)以符合《证券法》规定的资产评估机构为本次交易按照标的公司全部股东权益出具的《资产评估报告》中所预测的净利润为基础确定,且 2020 年、2021 年、2022 年分别不低于 4000 万元、8000 万元及 18,000 万元。

在业绩承诺期内的第一个会计年度下,标的公司的当期实际扣非归母净利润数未达到当期承诺净利润数的 70%,则 ZEX 投资应以其通过本次交易获得的对价股份或现金履行其补偿义务。业绩承诺期的第二个会计年度下,标的公司前两个会计年度累积实际扣除非经常性损益后归属于母公司股东的净利润数未达到前两个会计年度累计承诺净利润数的 80%,则 ZEX 投资应以其通过本次交易取得的对价股份或现金履行其补偿义务。业绩承诺期的最后一个会计年度下,标的公司前三个会计年度累积实际扣除非经常性损益后归属于母公司股东的净利润数未达到前三个会计年度累积承诺净利润数的 90%,则 ZEX 投资应以其通过本次交易取得的对价股份或现金履行其补偿义务。

3. 交易完成后 O 公司股权结构

本次交易前,O 公司的总股本为 2,434,015,604 股,公司无控股股东。根据本次交易方案及预估作价测算,本次交易完成后,O公司总股本(不考虑募集配套资金)将增至2,499,499,914股。依据前述测算,本次交易前后,O公司股权结构均较为分散,任一股东不能依其可实际支配的O公司股份表决权对O公司股东大会的决议产生重大影响,且不能依其可实际支配的O公司股份表决权决定O公司董事会半数以上成员选任。因此,本次交易前后O公司均无实际控制人,公司控制权未发生变更。本次交易完成后的股权结构如表15－3所示。

表15－3　本次重组前后上市公司股权结构

股东名称	本次交易前		本次交易后(不考虑募集资金)	
	持股数量/股	持股比例/%	持股数量/股	持股比例/%
陈某珍	381,219,036	15.66	381,219,036	15.25
刘某彦	256,249,857	10.53	256,249,857	10.25
ZEX投资	—	—	49,892,808	2.00
SN创投	—	—	12,473,202	0.50
ZQKD创投	—	—	3,118,300	0.12
其他股东	1,796,546,711	73.81	1,796,546,711	71.88
合计	2,434,015,604	100.00	2,499,499,914	100.00

二、案例分析

(一)行权过程

2020年6月,投服中心向O公司发送股东质询建议函,对O公司提出三方面质询建议:一是关于标的公司的经营情况;二是关于标的公司未来的盈利能力;三是标的公司业绩承诺较历史业绩畸高。2020 年 11 月 3 日,O 公司公告:受疫情持续影响,某教育信息化公司原服务订单验收、新订单签约等均受到不同程度影响,导致某教育信息化公司未能按照原计划完成订单签署工作。经 O 公司与交易对方商谈后决定终止筹划本次交易。

(二)行权内容分析

1. 关于某教育信息化公司的经营情况

公司公告,某教育信息化公司是专注于运用互联网技术及其他现代信息技术手段为教育机构提供"智慧课堂"服务的整体解决方案服务商。标的公司获取订单的模式主要包括三种方式:直接与教育机构进行接洽或通过教育机构/家长委员会等与终端客户接洽并获取订单;参与政府项目招投标;通过与具备教育客户资源的渠道商开展深度合作,通常通过与渠道商进行二次产品开发和定制,形成符合渠道商下游客户需求的针对性产品,并利用渠道资源实现产品销售。需要公司分模式说明近三年各模式下相应的销售收入及占比、毛利率等。

民生证券研究报告①显示,教育信息化公司最大的局限是区域化严重,属于大行业小公司。截至报告发布时,多数行业公司均能在一至两个地区实现较高的市占率,但当业务进行外延扩张时,往往会出现问题。需公司结合历史业绩情况分业务区域说明近三年各区域的销售收入及占比、项目中标情况等信息。

2. 关于标的公司未来的盈利能力

O 公司公告,在智慧课堂服务领域,标的公司的竞争对手主要包括科大讯

① 报告为民生证券 2019 年 4 月 22 日发布的《乘科技之风,利国之教育——教育信息化行业深度报告》。

飞(002230.SZ)下属控股子公司安徽讯飞皆成信息科技有限公司(以下简称讯飞皆成)、天喻信息(300205.SZ)下属控股子公司武汉天喻教育科技有限公司(以下简称天喻教育)、中南传媒(601098.SH)下属控股子公司天闻数媒科技(北京)有限公司(以下简称天闻数媒)、明博教育(837526.OC)等。查询以上公司相关信息可知,讯飞皆成近三年的营业收入分别为26,778.07万元、17,297.73万元、23,488.79万元,净利润分别为14,009.76万元、11,135.43万元、14,451.45万元;天喻教育近三年的营业收入分别为9091.92万元、26,375.30万元、18,645.30万元,净利润分别为-4703.09万元、3744.89万元、-7635.61万元;天闻数媒近三年的营业收入分别为37,075.58万元、28,532.54万元、30,169.48万元,净利润分别为-7303.79万元、-6775.29万元、-5450.53万元;明博教育近三年的营业收入分别为6254.36万元、14,327.21万元、12,325.78万元,净利润分别为1195.29万元、1790.29万元、1610.20万元。上述公司均已成立多年,且均具有一定规模,从其近三年的经营业绩看,各公司均没有出现大幅增长,且仅讯飞皆成盈利能力较强,明博教育盈利情况一般,天喻教育、天闻数媒呈现亏损状态。

同时,经查询中国政府采购网2019年的中标公告,涉及某教育信息化公司及其子公司的招标项目共10个,其中,中标或为第一中标候选人的项目有5个(项目所在行政区域为广东省、广西壮族自治区),非第一中标候选人项目5个。同期,科大讯飞及讯飞皆成投标的6个项目均中标。互动易信息显示,2017年讯飞皆成智慧课堂参与的投标项目全部中标。

O公司需结合行业内主要公司的发展情况说明标的公司未来是否具有持续盈利能力,同时需结合某教育信息化公司的项目中标率、竞争对手的中标率说明标的公司产品的主要竞争优势,并在此基础上说明某教育信息化公司未来的新项目拓展中可能面临的风险及相关风险对某教育信息化公司未来持续盈利能力的具体影响。此外,建议 O 公司及评估机构在评估过程中对相关风险予以充分考虑。

3. 标的公司业绩承诺较历史业绩畸高

某教育信息化公司 2018 年、2019 年及 2020 年第一季度的营业收入分别为 7167.34 万元、15,769.27 万元、1009.38 万元,净利润分别为 -323.02 万元、636.66 万元、-69.18 万元。本次交易中,交易对手承诺某教育信息化公司 2020 年、2021 年、2022 年合并报表扣除非经常性损益后归属于母公司股东的净利润分别不低于 4000 万元、8000 万元及 18,000 万元,该业绩承诺较标的公司的历史业绩大幅增长。

O 公司需说明,在同行业内公司业绩均未出现大幅增长的情况下,交易对手如何给出较历史业绩畸高的业绩承诺。建议 O 公司及评估机构结合行业内主要公司的发展情况、标的公司的业务模式、在手订单等,对标的公司的未来业绩给予合理预测。此外,考虑标的公司业绩承诺较历史业绩畸高,为确保承诺方履行潜在的业绩补偿义务,建议 O 公司将本次交易中现金对价的支付方式设定为与业绩承诺相挂钩的分期付款方式。

案例16　P公司收购某互联网小贷公司与某金融科技公司100%股权

2020年4月，上市公司P（以下简称P公司）发布了《关于收购资产暨关联交易的公告》（以下简称《交易方案》），拟使用自有资金收购某互联网小贷公司100%的股权以及某金融科技公司100%的股权。

一、案例简介

（一）上市公司基本情况

P公司成立于2005年1月，于2019年4月在深圳证券交易所上市交易。发布《交易方案》时，P公司股价为81.58元/股，总股本为326.33万股，总市值326.33亿元。本次交易时，P公司不存在控股股东、实际控制人。

P公司是一家金融科技企业，主要为实体小微企业提供收单服务和为个人用户提供个人支付服务，此外P公司还以其丰富的第三方支付运营经验，向客户提供第三方支付增值服务。其财务状况和经营成果如表16－1所示。

表16－1　P公司基本财务指标

单位：万元

项目	2019年12月31日	2018年12月31日
总资产	1,118,686.52	503,821.73
总负债	616,932.38	210,533.36
股东权益	501,754.14	293,288.37
项目	2019年	2018年
营业收入	489,942.16	567,941.16
营业利润	89,675.71	71,682.91
净利润	81,693.34	60,638.26

（二）标的公司基本情况

本次交易中，购买的标的为GZ互联网小贷公司100%的股权与SZ金融科技公司100%的股权。

1. GZ互联网小贷公司100%的股权

GZ互联网小贷公司于2016年8月成立。GZ互联网小贷公司主要通过其全资子公司开展互联网小额贷款业务。其全资子公司于2016年4月经广州市地方金融局和越秀区金融局批复设立，注册资本15亿元，小微企业和个体工商户占比70%左右，贷款产品主要有“易分期”、“商户贷”和“小微抵押贷款”三类。“易分期”和“商户贷”产品是以个人征信情况和商户经营情况为主要的授信依据，向小微商户（含小微企业和个体工商户）和优质个人用户提供用于日常经营资金周转或个人消费的小额信用类贷款产品。“小微抵押贷款”产品是为满足优质小微企业主、个体工商户大额资金需求，以抵押房产为增信手段的分期类抵押担保产品。其财务状况和经营成果如表16－2所示。

表 16－2　GZ 互联网小贷公司的基本财务指标

单位:万元

项目	2019 年 12 月 31 日	2018 年 12 月 31 日
资产总额	364,205.86	332,711.42
负债总额	173,264.47	141,341.54
净资产	190,941.40	191,369.88
项目	2019 年	2018 年
营业收入	81,925.53	86,918.10
营业利润	11,409.19	19,645.27
净利润	9679.41	17,969.91

2. SZ 金融科技公司 100% 的股权

本次拟收购的 SZ 金融科技公司于 2016 年 5 月成立。SZ 金融科技公司是一家技术驱动的公司,借助大数据、云计算、人工智能等技术向银行、消费金融公司、信托、保险公司等持牌金融机构提供智能风控系统、反欺诈识别等系统。其财务状况和经营成果如表 16－3 所示。

表 16－3　SZ 金融科技公司的基本财务指标

单位:万元

项目	2019 年 12 月 31 日	2018 年 12 月 31 日
资产总额	23,232.16	39,981.98
负债总额	2485.38	25,531.08
净资产	20,746.78	14,450.90

续表

项目	2019年	2018年
营业收入	29,179.20	17,466.77
营业利润	19,756.71	8010.84
净利润	17,891.96	7625.16

（三）交易方案精要

根据《交易方案》，P公司拟计划使用自有资金人民币190,941.4万元收购GZ互联网小贷公司100%的股权，以及拟使用自有资金人民币20,746.8万元收购SZ金融科技公司100%的股权。

由于本次交易对方中有三家公司为上市公司关联法人，且交易对方孙某然为P公司关联自然人，因此，本次投资构成关联交易，但不构成《上市公司重大资产重组管理办法》规定的重大资产重组。《交易方案》中无对业绩承诺及补偿协议的约定。

二、案例分析

（一）行权过程

2020年4月，投服中心向P公司发送股东函件，质询GZ互联网小贷公司2019年业绩大幅下滑的原因、GZ互联网小贷公司面临的行业风险以及拟收购的SZ金融科技公司高业绩增长可否持续等三方面情况。

（二）行权内容分析

1. GZ互联网小贷公司2019年业绩大幅下滑的原因

根据《交易方案》，GZ互联网小贷公司2017年、2018年的净利润分别为

15,057.28 万元、17,969.91 万元,而 2019 年 GZ 互联网小贷公司的净利润仅实现 9679.41 万元,同比减少 46.14% ,对此 P 公司未解释原因。请 P 公司结合行业现状说明 GZ 互联网小贷公司 2019 年业绩大幅下滑的原因,并说明 GZ 互联网小贷公司 2019 年业绩下滑是否属于趋势性现象,未来是否仍会持续。另外,建议 P 公司依照原中国银监会发布的《贷款风险分类指引》披露 GZ 互联网小贷公司 2018 年与 2019 年的不良贷款率与不良贷款结构,并结合同行可比公司数据说明其贷款质量属于什么水平。

2. 建议 P 公司充分披露 GZ 互联网小贷公司面临的行业风险

GZ 互联网小贷公司从事的互联网小额贷款业务属于互联网金融行业。2015 年以前,我国互联网金融行业发展迅速,并暴露出许多问题和风险隐患。2016 年 4 月,国务院办公厅公布了《互联网金融风险专项整治工作实施方案》。2017 年 12 月,互联网金融风险专项整治、P2P 网贷风险专项整治工作领导小组办公室下发了《关于规范整顿“现金贷”业务的通知》,从机构资质、业务类型和资金来源等三方面对网络小贷机构进行整顿,强调了属地管理,并对网络小贷业务的杠杆率作出限制。根据银保监会国新办新闻发布会问答实录,2019 年年末全国实际运营网贷机构共 248 家,行业机构数量、借贷规模及参与人数已连续 18 个月下降。截至 2020 年 3 月 22 日,我国实际运营的网贷机构数量比 3 年前已经减少了近 90% 。

2019 年 9 月,银保监会表示已计划对网络小额贷款实施差异化监管,正在研究制定全国统一的网络小额贷款监管制度和经营规则,提高准入门槛,引入分级管理模式,以推动网络小额贷款从业机构扶优限劣、规范发展。考虑 GZ 互联网小贷公司所从事的互联网小贷业务受政策影响较大,建议 P 公司结合行业发展趋势充分披露互联网小贷公司 GZ 面临的行业风险,以及 P 公司的应对计划。

3. SZ 金融科技公司的高业绩增长可否持续

SZ 金融科技公司 2018 年、2019 年营业收入增速分别为 70.83% 与 67.06%，同期净利润增速分别为 91.19% 与 134.64%。然而，其 2018 年、2019 年来自关联方的收入分别达到 85.80% 和 62.17%。2018 年、2019 年，SZ 金融科技公司的前五大客户中有三家公司为关联方，其中，本次交易拟购买的 GZ 互联网小贷公司的全资子公司连续两年为 SZ 金融科技公司的第一大客户，此外关联方 BJ 小贷公司与 CQ 小贷公司连续两年为 SZ 金融科技公司的前四大客户。在此背景下，若 SZ 金融科技公司与 GZ 互联网小贷公司一同被收购进上市公司体内，则两者间的业务往来经内部抵消后将不会对 P 公司业绩产生影响。此外，交易对手方在股权转让协议中承诺，后续将尽快注销 BJ 小贷公司与 CQ 小贷公司，或将上述两家公司的股权转让给第三方，据此可推测，SZ 金融科技公司来自 BJ 小贷公司与 CQ 小贷公司的收入很可能无法维持。请公司说明，若没有来自主要关联方的收入，SZ 金融科技公司的高业绩增长是否仍有可持续性。

（三）行权效果

P 公司 2020 年 5 月通过邮件方式回函，但未正面回应投服中心质询的问题，且未列举具体数据。2021 年 3 月，P 公司披露终止了以上收购。

案例 17　Q 公司重大资产置换及发行股份购买资产

2020 年 1 月，上市公司 Q（以下简称 Q 公司）公告了《Q 公司重大资产置换及发行股份购买资产并募集配套资金暨关联交易预案》（以下简称《重组预案》），拟置出截至评估基准日上市公司的全部资产和负债，并置入某中药公司 100% 的股权与某原料药公司 100% 的股权。

一、案 例 简 介

（一）上市公司基本情况

Q 公司成立于 1994 年 8 月，于 2001 年 3 月在上海证券交易所上市交易。发布《重组预案》时，Q 公司股价为 4.86 元/股，总股本为 31,559 万股，总市值 15.34 亿元。本次交易时，Q 公司不存在控股股东、实际控制人。公司第一大股东为 YY 有限公司，持股比例为 13.20%。

Q 公司的主营业务是氯化聚乙烯（CPE）、烧碱、ADC 发泡剂、水合肼等化学产品的生产及销售。其最近两年及一期的财务状况和经营成果如表 17－1 所示。

表 17－1　Q 公司基本财务指标

单位：万元

项目	2019 年 9 月 30 日	2018 年 12 月 31 日	2017 年 12 月 31 日
总资产	126,162.62	125,725.76	151,351.62
总负债	120,516.07	122,008.86	148,035.90
股东权益	5646.55	3716.90	3315.72
项目	2019 年 1～9 月	2018 年	2017 年
营业收入	140,656.22	201,016.38	194,978.07
利润总额	1944.28	297.01	2714.93
净利润	1944.28	297.01	2714.93

（二）标的公司基本情况

本次重组交易中，购买的标的为 HJ 中药公司 100% 股权及 KY 原料药公司 100% 的股权。

1. HJ 中药公司 100% 的股权

HJ 中药公司于 1991 年 5 月成立。HJ 中药公司主要从事麝香酮、中成药、蒙脱石原料药和阿胶等中药、保健品的研发、生产与销售，其最近两年及一期的财务状况和经营成果如表 17－2 所示。

表 17－2　HJ 中药公司的基本财务指标

单位：万元

项目	2019 年 12 月 31 日	2018 年 12 月 31 日	2017 年 12 月 31 日
总资产	160,818.27	151,075.10	139,741.92
总负债	76,867.32	75,510.31	67,173.23
股东权益	83,950.95	75,564.80	72,568.69

续表

项目	2019 年	2018 年	2017 年
营业收入	46,660.67	51,485.56	48,852.90
利润总额	8941.11	5406.06	1708.25
净利润	8386.15	4635.43	2010.54

2. KY 原料药公司 100% 的股权

KY 原料药公司于 2004 年 12 月成立,其基本财务指标如表 17－3 所示。KY 原料药公司主要从事化学原料药、成品药及医药化工中间体的研发、生产和销售,其中化学原料药主要用于糖尿病类、心血管类等各类制剂的生产,包括格列齐特、盐酸二甲双胍、单硝酸异山梨酯等,成品药为麻醉剂异氟烷(怡美宁),医药化工中间体为高端客户定制产品。

表 17－3　KY 原料药公司的基本财务指标

单位:万元

项目	2019 年 12 月 31 日	2018 年 12 月 31 日	2017 年 12 月 31 日
总资产	50,484.62	45,242.76	37,777.29
总负债	17,558.30	12,758.94	11,867.34
股东权益	32,926.31	32,483.82	25,909.95
项目	2019 年	2018 年	2017 年
营业收入	31,150.62	28,303.82	26,124.68
利润总额	5799.55	4768.65	4317.09
净利润	4874.70	4199.62	3647.93

(三)重大资产重组方案精要

本次交易方案包括:(1)重大资产置换;(2)发行股份购买资产;(3)募集配

套资金。前述重大资产置换、发行股份购买资产互为前提、共同实施,若其中一项交易因未获得所需的批准而无法付诸实施,则另一项交易不予实施。本次募集配套资金以重大资产置换及发行股份购买资产的实施为前提条件,但募集配套资金成功与否并不影响重大资产置换及发行股份购买资产的实施。

1. 重大资产置换

Q公司拟将截至评估基准日2020年1月31日的全部资产及负债作为拟置出资产,与LN投资持有的HJ中药公司48.99%的股权的等值部分进行置换。拟置出资产最终承接主体为LN投资指定的主体。

2. 发行股份购买资产

本次交易的拟置入资产为HJ中药公司100%的股权和KY原料药公司100%的股权。拟置入资产和拟置出资产的交易价格差额由Q公司以发行股份的方式向上述两家标的公司的全体股东购买。本次交易完成以后,HJ中药公司和KY原料药公司将成为上市公司的全资子公司。

3. 募集配套资金

Q公司拟非公开发行股份募集配套资金,募集资金规模预计不超过本次发行股份方式购买资产交易价格的100%,且拟发行的股份数量不超过本次交易前Q公司总股本的20%。本次募集配套资金扣除中介机构费用及其他相关费用后,拟全部用于补充流动资金。

4. 本次交易预计构成重大资产重组

根据《重组预案》,本次交易拟置出资产和拟置入资产交易价格尚未最终确定,预计本次交易将达到《上市公司重大资产重组管理办法》规定的重大资产重组标准,构成上市公司重大资产重组;同时,本次交易涉及发行股份购买资产,因此,需提交并购重组委审核,并经中国证监会核准后方可实施。相关指标将在审计和评估工作完成之后按《上市公司重大资产重组管理办法》规定计算。预计不改变本次交易构成重大资产重组的实质。

5. 本次交易预计构成重组上市

本次交易前,Q公司无实际控制人。本次交易完成后,Q公司的控股股东变更为LN投资,Q公司的实际控制人变更为高某坤。因此,本次交易前后,Q公司实际控制人发生变更。

拟置入资产的资产总额、资产净额、营业收入指标预计均超过Q公司对应指标的100%,因购买拟置入资产发行的股份占Q公司本次交易首次董事会决议公告日前一个交易日的股份的比例预计超过100%,且本次交易将导致Q公司主营业务发生根本变化,根据《上市公司重大资产重组管理办法》的规定,本次交易构成重组上市。相关指标将在审计和评估工作完成之后按《上市公司重大资产重组管理办法》规定计算。预计不改变本次交易构成重组上市的实质。

6. 本次交易构成关联交易

本次交易完成后,LN投资将成为Q公司的控股股东。根据《上海证券交易所股票上市规则》的有关规定,因与上市公司或其关联人签署协议或者作出安排,在协议或安排生效后,或者在未来12个月内,具有上市公司关联方的情形的,视为上市公司关联方。根据本次交易方案,LN投资为本次重大资产重组的交易对方,本次交易系Q公司与潜在控股股东之间的交易,因此构成关联交易。

7. 业绩承诺及补偿协议

公司公告《重组预案》时,业绩承诺及补偿协议仍未确定。待本次重组标的资产的审计、评估工作完成后,本次交易相关的业绩承诺及补偿安排事项,由上市公司与业绩补偿相关方另行签署协议约定,具体情况将在重组报告书中予以披露。

8. 因本次交易导致的股权控制结构的预计变化情况

截至《重组预案》披露时,Q公司不存在控股股东、实际控制人。本次交易完成后,预计LN投资将成为Q公司的控股股东,高某坤将成为Q公司的实际控制人。

二、案例分析

（一）行权过程

2020年1月,投服中心参加了Q公司重大资产重组媒体说明会。现场,投服中心针对HJ中药公司业绩大幅波动的原因、KY原料药公司经营活动现金流情况不佳的原因、KY原料药公司计划如何面对日益激烈的市场竞争以及行业标准变化对两个标的公司的影响进行了现场问询。

（二）行权内容分析

1. HJ中药公司业绩大幅波动的原因

HJ中药公司主要从事麝香酮、中成药、蒙脱石原料药和阿胶等中药、保健品的研发、生产与销售,HJ中药公司2016年9月在“新三板”挂牌转让,2017年7月从“新三板”摘牌。根据本次《重组预案》,HJ中药公司2017年至2019年的营业收入分别为4.89亿元、5.15亿元、4.67亿元,同期净利润分别为2010.54万元、4635.43万元、8386.15万元。而根据HJ中药公司申请“新三板”挂牌时披露的公开转让说明书,HJ中药公司2013年至2015年的营业收入分别为2.91亿元、2.61亿元、4.19亿元,同期净利润分别为1.08亿元、1.36亿元、2.21亿元。

将本次《重组预案》与HJ中药公司申请“新三板”挂牌时披露的公开转让

说明书相对照,其中对HJ中药公司主营情况的表述几乎没有变化,然而几年间HJ中药公司业绩波动巨大。HJ中药公司在“新三板”挂牌后净利润由2015年的2.21亿元骤降至2017年的2010.54万元,下降90.91%(2016年的财务数据未披露)。而2017年至2019年其净利润快速增长,年均复合增长率达104.23%。请Q公司结合行业发展情况、HJ中药公司产品结构等因素,详细解释在营业收入基本稳定且有小幅增长的情况下,HJ中药公司自2013年以来净利润大幅波动的原因。此外,建议Q公司在之后的交易方案中披露HJ中药公司近几年的业务结构及主要产品毛利情况,供投资者进行分析判断。

2. 原料药公司KY经营活动现金流情况不佳的原因

根据《重组预案》,KY原料药公司近年营业收入与净利润均逐年增长,2017年至2019年的净利润分别为3647.93万元、4199.62万元、4874.70万元。而同期原料药公司KY经营活动产生的现金流量净额分别为-302.57万元、-1632.54万元、-4211.31万元,且经营活动现金流有逐年变差的趋势。根据KY原料药公司2018年年度报告,其主要客户为RHODIA OPERATIONS S.A.S、涟水医药有限公司、九州通医药集团股份有限公司等国内外制剂生产厂家。请Q公司结合主要客户情况、销售收现政策等因素,说明KY原料药公司经营活动现金流量净额与净利润不匹配的原因,并比对同行公司说明KY原料药公司的营收质量有哪些问题,存在哪些风险。

3. KY原料药公司计划如何面对日益激烈的市场竞争

KY原料药公司主要从事化学原料药、成品药及医药化工中间体的研发、生产和销售,其化学原料药产品主要用于糖尿病类、心血管类等各类制剂的生产,包括格列齐特、二甲双胍、单硝酸异山梨酯等,属于常用仿制药的原料药。常用仿制药的原料药行业处于充分竞争的状态,产品相似度较高,生产工艺较成熟,因此行业中优秀企业的竞争优势主要体现在成本控制及客户黏性上。请Q公司结合成本控制情况、产能情况以及与客户间的合作关系等因素,说明KY原料药公司面对日益激烈的竞争是否具备竞争优势,以及KY原料药公司计划如何维持其竞争优势。

4.关于行业标准变化对两个标的公司的影响

根据《重组预案》,2019年10月HJ中药公司成为山东省中药配方颗粒研究试点首批企业,预计中药配方颗粒项目达产后可实现600余品种的生产。2019年11月8日,国家药品监督管理局就《中药配方颗粒质量控制与标准制定技术要求(征求意见稿)》向社会征求意见。同日,国家药典委员会公示了160个中药配方颗粒品种试点统一标准。媒体与业内人士认为上述文件为中药配方颗粒制定全国统一标准提供了指南,未来全国统一的中药配方颗粒标准有望加速出炉,届时预计会进一步规范行业发展,加剧行业的分化。鉴于配方颗粒是HJ中药公司制药重点发展的新产品,且针对中药配方颗粒制定全国统一标准的工作正在快速进行,请Q公司说明上述行业变化为HJ中药公司带来的机遇及挑战。

KY原料药公司所处的化学原料药制造行业属于高污染行业,受到的环保政策监管较严格。近日,国家四部委联合发布《推动原料药产业绿色发展的指导意见》,提出到2025年,产业结构应更加合理,技术水平应有效提升,绿色标准应不断完善,清洁生产水平应明显提高。请Q公司充分披露环保政策趋严对于KY原料药公司业务开展的影响。

(三)行权效果

媒体说明会现场,Q公司对投服中心的质询予以认真答复。2020年7月,Q公司召开了关于终止重大资产重组事项投资者说明会,终止了本次重组。

案例18　R公司发行股份及支付现金收购标的公司

2020年1月,R公司公告了《发行股份及支付现金购买资产并募集配套资金暨关联交易预案》(以下简称《重组预案》),R公司拟通过发行股份及支付现金相结合的方式,购买白某、刘某合计持有的标的公司100%的股权。

一、案例简介

(一)上市公司基本情况

R公司成立于2000年8月,于2016年12月在上海证券交易所主板上市交易。发布《重组预案》时,R公司股价为6.51元/股,总股本为262,752,000股,总市值17.26亿元,在本次交易前,R公司控股股东为某投资公司,持股比例为64.12%。高某、户某和高某某为R公司实际控制人。

公司集产品研发设计、生产制造、销售服务及家居文化研究为一体,主要从事中高端海派经典及海派现代家具产品的研发、生产与销售,围绕精致尚雅生活方式打造一体化大家居生态系统。其最近三年的财务状况和经营成果如表18-1所示。

表18－1　R公司基本财务指标

单位：万元

项目	2020年12月31日	2019年12月31日	2018年12月31日
总资产	83, 662.27	82, 516.37	94, 941.50
总负债	16, 489.78	17, 015.13	16, 988.56
股东权益	67, 172.49	65, 501.24	77, 952.94
项目	2020年	2019年	2018年
营业收入	31, 192.09	37, 235.96	41, 707.19
利润总额	2024.79	－13, 349.35	－9316.79
净利润	1671.25	－12, 451.70	－8610.90

（二）标的公司基本情况

本次重组交易中，标的公司于2016年2月成立，主要从事公寓家具及软体家具、全屋板式家具产品的研究、开发、生产与销售，为客户提供安全、健康、舒适、环保、耐用的家具产品，是华东地区业务规模和现代化程度较高的公寓家具供应商。其2018年的财务状况和经营成果如表18－2所示。

表18－2　标的公司基本财务指标

单位：万元

项目	2018年12月31日
总资产	19, 858.17
总负债	16, 048.26
股东权益	3809.91
项目	2018年
营业收入	44, 918.16

(三)重大资产重组方案精要

1. 发行股份及支付现金购买资产

R公司拟通过发行股份及支付现金相结合的方式,购买白某、刘某合计持有的标的公司100%的股权,其中,R公司通过发行股份方式支付不高于60%的交易对价,其余部分以现金方式支付,具体比例由各方签订补充协议另行约定。

R公司拟向不超过10名特定投资者非公开发行股份募集配套资金,募集资金总额不超过本次交易中以发行股份方式购买资产的交易价格的100%,发行股份数量不超过本次交易前R公司总股本的20%。最终发行数量将在中国证监会核准后,按照《上市公司证券发行管理办法》的相关规定,根据询价结果最终确定。本次募集配套资金扣除中介机构费用及其他相关费用后,拟用于支付并购交易中的现金对价。

截至《重组预案》签署日,本次重组涉及标的资产的审计、评估工作尚未完成,各方确认标的公司100%的股权的预估值不超过10亿元,各方同意参照上述预估值暂定标的公司100%的股权交易作价不超过10亿元。

2. 本次交易的性质

本次交易的拟购入资产为标的公司100%的股权,标的公司截至2018年12月31日未经审计的资产总额、资产净额及2018年度营业收入占上市公司同期经审计的合并财务报表相关指标比例分别为105.33%、128.28%和107.70%。根据《重组办法》的规定,本次交易构成重大资产重组。

本次交易完成前,标的公司现任董事、监事、高级管理人员及交易对方均不是R公司关联方。本次交易完成后,预计白某持有的R公司的股份比例将超过5%。根据《上海证券交易所股票上市规则》,白某属于R公司关联方,本次交易预计构成关联交易。

3. 业绩承诺及补偿协议

业绩承诺期为本次发行股份及支付现金购买资产实施完毕当年起的三个会计年度(如本次发行股份购买资产在2020年度完成,则为2020年、2021年和2022年,以此类推)。根据双方协商,全体交易对方承诺,标的公司2020年、2021年、2022年实现归属母公司所有者净利润(以扣除非经常性损益前/后孰低为计算依据)分别不低于9000万元、11,000万元、13,000万元。

在业绩承诺期内每年实现的净利润低于当年业绩承诺数或业绩补偿期届满时标的公司业绩承诺期三年累积实现的净利润低于累计的承诺数,视为业绩承诺未完成,各业绩补偿义务人在本次交易中所取得的对价的金额占各方所取得的对价金额总和的比例承担补偿责任,应当优先以股份方式进行补偿,补偿的股份数量计算公式为:

当期补偿金额=(截至当期期末标的公司累积承诺净利润数合计总额－截至当期期末标的公司累积实际净利润数合计总额)÷标的公司盈利补偿期间累计承诺净利润数合计总额×标的公司交易作价－累计已补偿金额;

当期应当补偿股份数量=当期补偿金额÷本次发行股份购买资产的发行价格。

股份不足补偿的部分,应现金补偿,现金补偿公式如下:

当期应补偿现金金额=当期补偿金额－当期已补偿股份数×本次发行股份购买资产的发行价格。

二、案例分析

(一)行权过程

2020年1月,投服中心向R公司发出股东质询建议函,针对标的公司业绩承诺是否可实现、持续盈利能力是否受上游长租公寓行业的经营风险影响、估值高于同行业平均水平及行业内龙头企业的合理性等三方面提出质询。R公司后发布公告终止本次重组。

(二)行权内容分析

1. 标的公司业绩承诺是否可实现

依据《重组预案》,标的公司主要从事公寓家居及软体家居、全屋板式家居产品的研究、开发、生产与销售。业绩承诺方承诺标的公司2020年至2022年归母净利润分别不低于9000万元、1.1亿元、1.3亿元,三年复合增长率为20.19%,投服中心对标的公司能否实现业绩承诺存疑:

一是三年业绩承诺的复合增长率远高于我国家具行业近年来的实际发展速度。依据中国产业信息网发布的《2018年中国家具行业市场规模及竞争格局分析》,我国家具市场规模从2012年的3695.14亿元增加到2017年的7329.79亿元,2018年受商品房市场的影响,家具行业处于调整期,市场规模下降至5253.34亿元,2012年至2018年市场规模的复合增长率约为6%。重大资产重组预案披露:"近几年地产调控对于家居消费的边际影响较为突出,一方面,从2017年开始的期房销售增速下滑以及竣工持续走低的影响开始显现,地产商精装比例的快速提升、家装公司进军整装、电商与商超渠道的发展等对零售端客流带来冲击;另一方面,随着高房价从一二线城市向三四线城市发展,一定程度压制了家装消费升级的趋势,部分群体的家装消费能力有所下降。”投服中心依据国家统计局的相关数据计算出 2015 年至 2017 年每人每平方家具消费金额,发现 2015 年至 2017 年每人每平方家具消费金额较为稳定,未出现大幅增长趋势,且 2018 年较 2017 年下降 24.45%。投服中心建议公司说明在房地产景气度明显放缓、我国家具行业整体复合增长率仅为 6%、2018 年家具行业增速放缓、近年来每人每平方家具消费水平未出现大幅增长的背景下,标的公司将如何在未来三年内实现年均 20.19% 的复合增长。

二是标的公司市占率不高,将如何在短期内实现高业绩增长。依据银河证券发布的 2019 年 11 月家具行业动态研究报告,我国家具市场整体市场集中度偏低,企业之间差距不明显,竞争格局尚未明朗,并且已初步出现产能过剩问题;截至 2018 年,我国家具制造企业前十名龙头企业的市占率仅为 9.69%,整体占比较低;近两年,中国家具制造行业市占率第一的企业均为 OP 家居,2018 年 OP 家居的市占率仅为 1.64%,而标的公司不属于家具行业前十名的龙头企业,其市占率较 OP 家居的市占率更低。投服中心建议公司说明在家居行业竞争加剧、家居产品差异化不大、行业出现产能过剩的背景下,标的公司较低的市场占有率将如何实现未来三年年均 20.19% 的复合增长。

2. 标的公司过分依赖大客户,上游长租公寓行业的经营风险是否可能影响标的公司未来持续盈利能力

重大资产重组预案披露,标的公司的主要客户、第一大客户为“自如”平台,若主要客户经营情况发生不利变化将使标的公司面临业绩大幅下滑的风险。依据艾媒咨询的报告,2018 年以来长租公寓行业“暴雷”不断,寓见公寓、好租好住、爱公寓、优租客、恺信亚洲、鼎家公寓、杭州德寓等接连曝出资金链问题,已经有多达 25 家长租公寓因资金链断裂、经营不善而破产。网易发布的

《自如模式会不会崩盘》的文章中提及:“长租领域要先用高价抢房源,获得定价权,而长租公寓租金比房东直租普遍高出 30% 以上,如果房租上涨不加限制,最有可能导致租客违约退租、房租支付波动,长租平台的资金链将出现问题。”

此外,长租公寓行业目前普遍存在管理成本高、前期投入大,但盈利难、毛利率低的问题。易居智库研究总监严跃进认为,“即使在资金充沛的条件下,自如房源分散的盈利劣势也非常明显,自如房源管理的成本难以降低,高成本运作模式放在本就利润不高的长租领域里很难盈利”。由于标的公司主要依赖大客户自如开展业务,若自如出现资金链断裂、经营困难等问题将严重影响标的公司的持续盈利能力。投服中心建议公司说明标的公司已采取了哪些防御措施杜绝该类经营风险。

3. 标的公司估值高于同行业平均水平及行业内龙头企业的依据

依据重大资产重组预案,标的公司截至 2019 年 12 月 31 日的净利润为 4533.18 万元,净资产为 1.06 亿元,以预估值 10 亿元计算,标的公司的市盈率为 22 倍,市净率为 9.43。而依据 Wind 数据,行业龙头企业 OP 家居截至 2019 年 9 月 30 日的市净率为 5.18,成品家具行业平均市净率仅为 3.46。投服中心建议,公司结合标的公司的核心竞争力说明标的公司市净率远高于同行业均值,也高于行业内龙头企业的原因。

案例19　S公司收购某医药流通公司

2019年12月,S公司发布了关于收购某医药流通公司部分股权暨关联交易的公告,拟通过向交易对手方支付现金的方式收购其持有的某医药流通公司60%的股权。

一、案 例 简 介

(一)上市公司基本情况

S公司于2016年5月在上海证券交易所主板借壳上市。发布收购公告时,股价为4.05元/股,总股本为1,439,660,000股,总市值57.44亿元。

S公司是一家以药品、器械为主要经营产品,以医疗机构、批发企业、零售药店为主要客户对象,并为客户提供信息、物流等各项增值服务的大型企业集团。其基本财务指标如表19－1所示。

表19-1 S公司基本财务指标

单位:万元

项目	2019年9月30日	2018年12月31日	2017年12月31日	2016年12月31日
总资产	961,462.34	871,999.44	719,660.73	726,963.19
总负债	285,198.62	240,207.84	116,358.45	134,333.70
股东权益	676,263.72	631,791.60	603,302.28	592,629.50
项目	2019年1~9月	2018年	2017年	2016年
营业收入	816,066.30	1,084,154.17	985,534.65	899,656.84
营业利润	60,663.03	78,733.63	79,812.67	75,070.77
利润总额	60,520.82	78,619.26	79,999.85	75,243.55
净利润	44,075.39	56,461.81	58,101.37	55,126.44

(二)标的公司基本情况

本次关联交易中,交易对方全资股东为S公司副董事长的直系亲属,故本次交易构成关联交易。

被收购方即某医药流通公司于2006年成立,主要从事第二类精神药品、生化药品、中药材等药品批发业务,其最近一年一期主要财务指标如表19-2所示。

表19-2 某医药流通公司主要财务数据

单位:万元

项目	2019年3月31日	2018年12月31日
总资产	97,064.31	92,814.56
总负债	89,035.40	85,606.33
股东权益	8028.91	7208.23

续表

项目	2019 年 1～3 月	2018 年
营业收入	41,525.61	143,700.79
净利润	820.68	3762.22

(三)关联交易精要

1. 估值及交易价格

经评估机构评估，以 2019 年 3 月 31 日为评估基准日，该医药流通公司 100% 股权在评估基准日的母公司净资产为 5055.35 万元，评估价值为 45,000 万元，增值率为 717.39%，作价 27,000 万元，本次交易拟全部以支付现金的方式购买。

2. 业绩承诺与补偿

交易对手方向 S 公司不可撤销的承诺，该医药流通公司 2019 年、2020 年两年业绩承诺期的净利润分别不低于 3910 万元、4497 万元。如该医药流通公司当年度扣除非经常性损益的净利润未达到转让方承诺之净利润，则转让方应当按当年承诺净利润与当年实现净利润数之差额的 9 倍的 60% 对受让方进行补偿，即应补偿金额 =（当年业绩承诺期承诺净利润 － 当年实现净利润数）×9×0.6。

二、案例分析

(一)行权过程

2020 年 1 月，投服中心在上证“e 互动”平台进行网上行权，向 S 公司提出关于该医药流通公司估值的三方面问题：一是净利润大幅增长的合理性；二是折现率选取标的的原因；三是与前次估值差异的原因。

（二）行权内容分析

1. 净利润大幅增长的合理性

该医药流通公司 2016 年、2017 年及 2018 年的净利润分别为 839.73 万元、2239.38 万元、3762.22 万元，三年复合增长率高达 111.67%，明显高于行业均值 20.27%（根据万德医药分销行业数据计算）。投服中心就其历史净利润异常增长的合理性以及是否存在为后续业绩预测做高利润的动机提出质询。

2. 折现率选取标的的原因

评估机构选取的同行业可比上市公司中，大多数属于全国性的医药流通企业，其他属于地区性医药流通龙头企业，然而该医药流通公司在西南某省仅排第四，S 公司应结合该医药流通公司在该省的市占率说明选取这五家标的的合理性以及特有风险收益率确定的详细过程，并说明其净资产收益率和资产回报率显著高于行业龙头的原因。

3. 与前次估值差异的原因

S 公司在对交易所回函中表示，该医药流通公司短期内大幅增值的原因有企业成长能力、企业盈利能力、企业利润增长等，在收益法估值中都并非未能预测的原因，S 公司应说明是否发生行业重大政策变化或者标的公司重大经营变化使得其估值在一年内大幅提升，以及是否存在利益输送的嫌疑。

（三）行权结果

2020 年 3 月，S 公司公告因 88.5168% 的股东投票反对，关于收购某医药流通公司部分股权暨关联交易的议案未被通过。